中公新書 2479

鈴木 透著

スポーツ国家アメリカ

民主主義と巨大ビジネスのはざまで

中央公論新社刊

まえがき

近年、日本人選手がＭＬＢ（大リーグ）で活躍するのも珍しくなくなってきた。彼らの活躍を通して、日本人も世界に通用するとあらためて感じている人も多いだろう。だが、アメリカのプロスポーツが以前よりも身近になったわりには、アメリカでスポーツがどれほど大きな意味を持っているのか、日本ではまだ十分認識されていない。

アメリカ社会でスポーツは、実は日本人の想像を超えた存在感を持っている。例えば、子供から大人までアメリカ人が最もよく知っている歌は、一に「ハッピー・バースデー・トゥ・ユー」、二にアメリカ国歌、三に「私を野球に連れてって（"Take Me Out to the Ball Game"）」だといわれる。大リーグで七回裏の地元チームの攻撃に入る前にスタンドの観衆が総立ちで合唱する曲である。

この曲は、すでに一〇〇年以上の歴史を持ち、ノーベル文学賞を受賞した歌手ボブ・ディランを含む四〇〇組以上のアーティストが独自のバージョンをレコーディングしている。これに匹敵するようなスポーツにまつわる国民的歌曲は日本にはない。

一方、アメリカのテレビ視聴率の歴代トップテンを占めているのは、すべてNFL（アメリカンフットボールのプロリーグ）の優勝決定戦「スーパーボウル」の中継である。視聴率は例年四〇％を超え、日本の総人口を超える一億数千万人がテレビに釘付けになっている。スーパーボウルの日は休業という飲食店も珍しくない。

アメリカにはまた、「マーチ・マッドネス」（三月の狂乱）という言葉がある。これは、毎年三月にバスケットボールの全米大学選手権が行われ、各大学の関係者のみならず全米中がその戦いぶりに熱狂することに由来する。

このようにスポーツは、アメリカの国民生活に深く刻まれ、スポーツイベントは、宗教のイベントと並ぶ、この国になくてはならない年中行事なのである。

現にアメリカの四大プロスポーツは、巨大な産業とも化している。

MLB、NFL、NBA（バスケットボールのプロリーグ）、NHL（アイスホッケーのプロリーグ）は、それぞれ三〇以上の球団を擁し、年俸三〇億円を超える選手も在籍する。日本のプロスポーツとは比較にならない規模であり、スポーツビジネスの資金力の大きさを物語っている。事実、スポーツの放映権料も高騰し、スーパーボウルの中継では三〇秒間のCMの値段が数億円といわれる。プロスポーツは、成長著しい巨大なビジネスでもあるのだ。

アメリカのスポーツの影響力は、社会変革にも及んでいる。アメリカの最も根深い社会問題の一つは人種差別であるが、人種の壁を破る重要な突破口は、スポーツだった。

黒人選手が締め出されてきた大リーグで、初の黒人選手ジャッキー・ロビンソンがデビューしたのは一九四七年。それは、連邦最高裁判所が公立学校での人種隔離を違憲と認定した一九五四年の判決よりも七年、公民権運動の指導者となるマーティン・ルーサー・キング・ジュニアがアラバマ州モントゴメリーでバスボイコット運動を成功させた一九五五年よりも八年遡《さかのぼ》る。ロビンソンの活躍がその後の人種問題の前進につながったことは、いまや歴史的事実である。

だが、野球、アメリカンフットボール、バスケットボールといったアメリカ生まれの競技は、バスケットボールを除けば、世界的にはマイナーな競技だ。アメリカでは巨大なマーケットが形成されていながら、世界規模では普及していないのだ。政治経済一般や大衆文化レベルでのアメリカの世界的影響力を考えると意外なことだが。

実はアメリカ生まれの競技は、世界的に普及している競技とやや趣が異なる。例えばイギリス発祥のサッカーでは、通例、試合中一チーム三人しか交代できない。これに対し野球は、代打、代走、リリーフ投手などを次々に送り込むことができる。一芸に秀でていれば出番が与えられるのだ。さらにアメリカンフットボールやバスケットボールも、一度ベンチに退いた選手がその後何度も試合に登場できるなど、選手交代に寛容といえる。概してアメリカ型競技は、一人の人間が攻撃も守備もこなして最後までプレーすることに固執せず、むしろ状況に応じて最適な人材を投入することで成果の最大化を奨励するという、独特の競技観を持っている。

では、こういった競技理念はいったい何に由来するのか——。興味深いのは、これらアメリカ型競技が輪郭を整えた時期がほぼ一致していることだ。今日まで続くプロ野球リーグとなるナショナル・リーグの創立は一八七六年、最初のアメリカンフットボールの試合が行われたのが一八六九年、バスケットボールが考案されたのが一八九一年である。いずれも一八六五年の南北戦争終結後、アメリカがイギリスを抜いて世界一の工業国へと変貌をとげていた一九世紀後半である。

当時のアメリカは、産業社会へと移行し、自由と豊かさ双方を手にすることが現実味を帯びてきていた時代である。だが自由放任主義経済の暴走を制御できず、巨大企業による市場の独占や富の偏在といった深刻な社会問題に直面し、二〇世紀初頭にかけて規制と改革に着手することになる。この国をリセットするための新たな社会規範を模索していた時代、この潮流こそアメリカ型競技の重要な「ゆりかご」だった。アメリカ型競技は、この国の再出発への夢を根底に宿しながら歩んできたのだ。

ここまでアメリカにおけるスポーツの特徴をいくつか挙げてきたが、これらが指し示しているのは、スポーツやアメリカ型競技がアメリカという国の正体や到達点を明らかにする重要な糸口になることだ。スポーツとその国の特質とは、それほど深い関係はないのではないかと一般には思われるかもしれない。しかし、アメリカの場合、実はスポーツこそが、この国の文化や社会の特質を明らかにする格好の素材なのである。そして、スポーツが人種問題の前進の先駆けとなったように、アメリカのスポーツの現状が、この国の未来を映し出しているかもしれないのだ。

アメリカのスポーツから得られる知見は、アメリカという国を新たな視点から捉え直すのみならず、二〇二〇年の東京オリンピック・パラリンピックを機に日本社会はスポーツというものと今後どう向き合っていくべきかを考えるヒントにもなるだろう。

目次

第IV部　スポーツと社会の新たな共振

スポーツ国家アメリカ

序章　スポーツの近代化とアメリカ

専用の競技施設があり、ルールが決まっていて、観客の前で点数を競う。近代スポーツといえば、こうした姿が思い浮かぶだろう。一九世紀後半にアメリカで誕生した野球やアメリカンフットボール、バスケットボールにも、これは当てはまる。だが、そもそも近代スポーツのこうした特徴は、どのようにして形成され、そこにはどのような歴史的意味が刻まれていたのだろうか。そして、アメリカはスポーツの近代化にいかなる新たな一ページを記したのか。

まずは近代スポーツ発祥の地イギリスにおけるフットボールの近代化の過程をヒントに、これらの疑問に迫ってみよう。

1　「競戯」から「競技」へ――フットボールに見るスポーツの近代化

近代フットボールの起源

イギリスにおけるフットボールの近代化の過程を詳細に検討した労作に、中村敏雄の『オフサイドはなぜ反則か』という本がある。ここでは、中村の議論の要点を筆者なりに整理・補足しながら、フットボールの事例からスポーツの近代化の持つ意味を考えてみる。

フットボールの起源は、中世以来の祝祭に遡る。そうした祝祭では、町や村の住民全体が二手に分かれ、一つの球を奪い合い、どちらがゴールに先に運び入れるか競っていた。この種のマス・フットボールでは、共同体全域がいわば舞台となり、球の運搬を阻止するための殴り合いやら敵を欺くための球の隠し合いなども珍しくなく、決着までに半日は要していたらしい。粗暴性ゆえにたびたび禁止令も出されていたようだが、逆にいえば禁止令を出さねばならぬほど、これにかける人々の熱意には並々ならぬものがあったといえよう。

ところが一九世紀を迎えるまでには、こうした球の奪い合いのゲームは、より日常的に特定の場所で行われるようになっていた。その舞台となったのは、学校の校庭であった。後に近代フットボールは、ラグビーとサッカーに分化していくが、ラグビーという名称も、その競技が行われていたラグビー校という学校名に由来する。そして、校庭がフットボールの新たな舞台となったことは、中世から近代へという大きな時代の転換を象徴していた。

競技空間と観客の分離

フィリップ・アリエスの『〈子供〉の誕生』(一九六〇)は、子供という概念が近代に特有であり、中世には顕著には見られなかったことを論じた著作として有名だ。一定年齢以下を「子供」とみなして労働義務を免除し、代わりに学校という空間に送り込むという発想は、実は西洋近代になって本格的に登場したものである。つまり、学校制度こそ、近代社会を特徴づける重要な装置なのだ。そこでは、子供たちが昼間の大半をすごすことを想定して、教室以外のレクリエーション施設の整備にも力を注ぐ必要があった。その先駆けとして一八世紀頃から登場したのが校庭であった。近代の訪れとともにフットボールは、年中行事としての祝祭からも地域住民全体からも切り離され、学校教育に新たな居場所を与えられたのである。

だがこれは、フットボールに本質的な変化をもたらした。まず、中世のフットボールは競技会場がいわば共同体全域であり、フィールドとフィールド外という区別自体が存在しなかった。しかし、競技空間が校庭という場所に限定されると、試合場と場外の境界線というものが意識されるようになった。同時にそのことは、フィールド内にいて競技に参加している人と、フィールド外でそれには加わっていない人という区別、つまり、競技者と観客という区別をも生み出した。

中世の祝祭では、住民全体がいわば選手であり、地域社会全体が会場であったため、専らゲームの成り行きを見守るだけの観客もいなければ、一部始終を見渡せるような場所も存在しなかった。だが、校庭という限られた空間にフットボールが移動したことで、その一部始終を眺めることができる人と場所が生まれたのだ。校庭という競技空間の明確化と観客の誕生こそ、フットボールの近代化の始まりを告げていたのである。

粗暴性のコントロールとローカルルールの統一

中世のマス・フットボールは祝祭の一環であり、多少の悪ふざけも認められていた。だが、学校教育とフットボールが結びつくと、子供の健全な成長に有害な要素を取り除く必要が出てくる。中世のフットボールが事実上の無法地帯で行われていたとすれば、近代の校庭フットボールでは粗暴性を抑制するとともに、それに違反した場合に罰則を科すなどの措置を講じなくてはならなくなってくるのだ。つまり、競技規則や反則という概念の明確化も、フットボールの近代化を象徴していたのである。

とはいえ、こうしてルールというものが登場してくると、新たな問題も発生する。身内同士でゲームに興じるのであれば問題ないが、よそ者が混じったらどうなるか。当初は各学校がいわばローカルルールを独自に設定していたわけだが、学校によってルールが違うようでは、他の学校の生徒と楽しむには支障が出る。こうした煩雑さを解消するため、一八四〇年代頃から、フットボールのルールの明文化とルールの統一が試みられるようになる。

中世の町ごとの祝祭では、別の村のお祭りと規則を合わせる必要などそもそもない。近代フットボールにおけるルールの統一は、それだけフットボールがローカルな存在ではなく、地域横断的に行える競技へと互換性を高めていったことを示しているのである。

競技時間の制限と得点に対する意識の変化

ルールの統一は、お互いがそれを承認すれば競技として成立することを意味すると同時に、勝利の条件をも明確にする。そして、これも中世と近代のフットボールを隔てていく。中世のフットボールは、制限時間というものがなく、どちらかのゴールに球がたどり着くまでエンドレスだった。だが、学校の校庭で子供たちは延々と試合はできない。つまり、勝利の条件の一部として、時間制限が必要になってきたのだ。

だが、フィールドが校庭に限定されると、それだけゴールは得やすくなるわけで、中世の祝祭のようにどちらかがゴールした時点で試合終了というのでは、敗軍の腹の虫は収まらないだろうじ、勝負自体も味気ない。となると、試合を面白くするには、制限時間内にどちらが多くのゴールを奪ったかで勝敗を決する方が合理的だということになる。こうした、中世の祝祭フットボールにはなかった制限時間や得点という概念の登場も、フットボールの近代化を体現しているのである。

勝利へのハードルとしての禁止事項の整備

フットボールの歴史をたどってみると、競技空間と観客の分離、競技規則の統一や反則という概念の整備、時間制限や得点の重視といった、近代スポーツに当たり前の特徴が、実は中世と近代の感覚の違いのなせる業であることがわかる。ところが、その後のフットボールが得点をどれだけ多く入れやすくするかに固執したのかというと実はそうではない。ある意味ではそれに逆行するような、いわば勝利へのハードルとなるような禁止事項が作られていったのである、そして、その最たるルールが「オフサイド」ではなかったかと中村は考えている。ここではまずラグビーを例に、オフサイドの意味を説明しよう。

ゴールに球を効率よく運ぶには、ゴール前に味方を立たせ、球を奪ったらその選手に渡すという戦法が有効だろう。だが、ラグビーでは、ボールより前方のゴールに近い空間に味方の選手がいた場合、その選手はオフサイドの位置にあるといい、その選手がプレーに加わるとオフサイドという反則になる。加えてラグビーには、ボールは自分と平行ないし後方にパスしなければならないというルールが導入される。味方はボールより前にいてはいけないし、ボールは後ろにしか投げられないとなれば、自ずと得点することは難しくなる(ここでは詳述しないが、ラグビーでは守備側に適用されるオフサイドの反則もある。これは、ボールの周辺に守備側の選手が立ち入れない区域が設定される状況が生じるためである)。

一方、フットボールのルール統一の動きの際に、球を持って走ってはならないという禁止事項に執着した学校は、今日のサッカーのルールの土台を築いていった。こうして手を使うことを認めるかどうかがラグビーとサッカーへとフットボールを分岐させていくのだが、サッカーでもオフサイドの概念が導入された。サッカーでは、相手のゴールキーパーとそれ以外の相手守備の最後方の選手との間の領域をオフサイドの位置とみなし、攻撃側の選手がこの領域内で味方からのパスを受けるなどプレーに参加する動きをすると、オフサイドの反則になる。サッカーでも、ゴール近くに味方の選手を送り込むのに制約がかけられたのだ。

また、ラグビーもサッカーも当初は基本的に選手交代を認めず、疲労に打ち勝つことさえをも勝利へのハードルに設定したのであった。

近代に残存する中世

近代フットボールが制限時間内に得点を競うという発想へと転換したはずなのに、なぜわざわざ点を入れにくくするようなルールも同時に導入されたのか。禁止事項を守らせることがフェアプレーの奨励や学校教育の秩序と親和性があったためとも考えられるが、中村は、そこには中世のマス・フットボールの伝統の痕跡が刻まれているのではないかと指摘する。中世のマス・フットボールは、いわば地域社会全体が楽しみにしていた年中行事であり、逆に言えば、それはすぐに終わってしまっては興ざめであった。だからこそ、共同体全域を舞台に、羽目を外すような行為まで繰り出して、決着を長引かせようとしたのだ。簡単に得点が入らないようにするためのオフサイドの導入は、すぐに決着をつけたくないという中世の祝祭フットボールの発想に通ずると中村は見る。

実際、初期の近代フットボールでは中世の祝祭フットボールを彷彿《ほうふつ》させる要素が残っていたようだ。例えば、ゴールラインやサイドラインが必ずしも明確に引かれていなかったため、観客がしばしばゴールやフィールド内に乱入し、時として競技者と観客の区別が曖昧《あいまい》だったらしい。

また、今でもラグビーでは、ボールをインゴールに運んで得点することを「トライ」というが、ゴールしたのに「お試し」とは何とも不思議な呼び名だと思ったことがある人も少なくないはずだ。実は、初期の近代フットボールの「トライ」は、それ自体は得点にはならず、トライした地点から下がってゴールに向けてキックする「挑戦権＝トライ」を与えるにすぎなかった。これは今のラグビーでも、トライの後のゴールキックとして残っているが、当初は、このキックが入らなければ得点は認められなかったのだ。つまり、「トライ」という名称からは、ゴールキックまで成功しなければ点を与えないことで得点を入りにくくし、いわば決着を先送りしようとする、中世の祝祭フットボールに通ずる発想を垣間見ることができるのである。

中村が描き出したイギリスにおけるフットボールの近代化の過程から読み取れるのは、祝祭的な「競戯」から得点を競う「競技」へと転換しつつも、フットボールが自らのルーツを内に秘めながら近代の空気を呼吸していた姿であった。中村は、競技のルールがその社会の伝統や価値観と密接に関連している可能性に着目し、「スポーツルール学」なる学問の開拓を提唱した。だが、中村の分析対象の中心はイギリスで、アメリカの事例に関する論考もあるものの、本格的にアメリカスポーツ史を論じてはいない。

筆者は中村の著作から大きな刺激を受けた一人だが、こうした視点はアメリカの風土を語る上でも有効だと考えている。そして、その際の有益な補助線は、産業社会という物差しだと考える。中世を経験せずして一九世紀後半に世界一の資本主義工業国へと躍り出たアメリカで考案された新たな競技は、より近代産業社会の諸事情と強く結びついていたはずだからだ。そこで、アメリカのスポーツの話に入る前に、イギリスの近代フットボールの特徴に産業社会の基本原理がすでにかなり入り込んでいた形跡を確認しておこう。

2 近代フットボールと産業社会の基本原理

スポーツの近代化と産業革命

イギリスは、スポーツの近代化の歴史をリードした国といえる。今日のサッカー、ラグビー、テニス、ゴルフなどの近代スポーツを生んだのはイギリスである。そのイギリスは、世界に先駆けて産業革命を成し遂げた国でもあった。

実際、校庭フットボールによってフットボールの近代化が始まった時期は、イギリスの産業革命の幕開けの時代であった。一九世紀半ばにフットボールのルールが明文化され、一九世紀後半にはラグビーとサッカーという競技の輪郭が整っていったという経緯も、イギリスの産業社会の発展と時期的に符合する。フットボールの近代化の過程が体現していた、競技空間と観客の分離や、競技時間や得点に対する意識の変化などは、中世と近代の感覚の違いを体現すると同時に、産業社会の原理とも密接に結びついていた。

生活空間の個別領域化と労働の分業化・専門化

アリエスの『〈子供〉の誕生』が示唆しているように、中世が大人と子供の区別のない世界だったとすると、近代になると、子供は学校、大人は仕事場というように、生活空間の個別領域化が進んだといえる。子供部屋なるものが家庭に登場するのも近代になってからである。産業革命は、こうした近代が根底に持つ生活空間の個別領域化に拍車をかけたといえる。

産業革命以前の農業社会や家内制手工業の時代では、生活の場と仕事場はいわば渾然《こんぜん》一体であった。だが、産業革命によって工場労働という新たな労働形態が出現すると、生活の場としての家庭と、労働の場としての工場とが分離されることになったのだ。

加えて工場では、中世的な職人気質は一掃された。一人の職人にすべてを任せるのではなく、作業全体をいくつかに分割し、特定の人間が特定の工程を専門に担当することで生産効率を上げようとしたのだ。こうして産業革命は、労働の分業化と専門化を加速した。

これらの傾向は、フットボールの近代化にも通ずる。中世のフットボールは、祝祭と一体化しており、町や村全体が競技会場で、競技空間の内と外の区別や、競技者と観客を区別する発想も希薄だった。だが、近代フットボールは、祝祭からフットボールを切り離し、校庭という専用の競技会場を登場させ、競技空間の内と外を分割するとともに、競技をする人と見る人という立場の違いを明確にしていった。つまり、競技空間の限定や選手と観客の分離は、産業革命によって加速された生活空間の個別化や分業化・専門化という方向性と一致しており、フットボールの近代化の過程は産業社会の原理を見事に反映しているのである。

不規則で混沌とした世界から規則的で純粋な世界へ

近代産業社会が志向する諸領域の個別化や分業化・専門化の徹底は、一方では予測可能性の透明化という発想につながっている。一人の職人が一部始終を担当するやり方では、気分次第で生産の速度は左右されやすい。だが分業では、個々の担当箇所が限られている上、その人はひたすらその作業に打ち込んで技術を習熟させていくので、仕事上のペースに生ずる誤差を抑制しやすい。つまり、規則的な生産体制がより期待できるのだ。同時にこれは、障害となる要素を生産工程からできるだけ排除しようとする発想だともいえる。

こうした点も、フットボールの近代化の過程に垣間見ることができる。中世のフットボールは祝祭と渾然一体化したもので、殴り合いやだまし合いなどのハプニングがつきものであった。つまり、効率よくボールをゴールに運ぶという見地からすれば、予測不能で不規則な展開が排除できないのだ。一方、校庭のフットボールでは、こうした不純な要素は学校教育の大義名分の下に排除され、純粋な競技としての秩序を確保しやすい。近代産業社会への移行は、不規則で混沌《こんとん》とした世界から規則的で純粋な世界、言い換えれば予測可能性の高い世界を志向していたのであり、フットボールの近代化の過程も類似の傾向を根底に宿していたのである。

時間概念の変化と効率の追求

領域を個別に分割し、分業化と専門化を施し、不規則な要素を排除して予測可能性の高い純粋な世界を作るという近代産業社会の基本的な発想は、究極的には生産の最大化という目標に向けられている。それは、一定時間内の作業効率を最大に高める能率至上主義である。つまり、近代産業社会は、基本的には時間との勝負を挑んでいるのだ。そして、こうした発想の登場は、西洋における時間概念の変化を物語っているといえる。

長らく西洋では、時間は神が司るものとされてきた。なぜなら、時は神の被造物たる自然の変化や天体の運行を通じて人類に知らされてきたからだ。人間の側が勝手に時間を決めるなど論外だった。それゆえ、西洋世界では、太陽の南中時刻がわずか数分であっても異なれば、時差が存在した。つまり、場所ごとに時間がまちまちだったのである。

ところが、イギリスの産業革命は、鉄道という輸送手段の登場をもたらした。鉄道の運行にとって、場所ごとに時間が異なるのは実に煩雑だ。そこで一九世紀半ばになると、便宜的に一定地域の時間を統一して標準時を設定しようとする発想が台頭してくる。これは、伝統的な時間概念を大きく転換することになった。人間の側が勝手に時計という機械に従って時間を決め、時間を管理する時代が産業革命によって開かれたのだ。こうした効率重視の時間概念へのパラダイムシフトこそ、近代産業社会の能率至上主義を可能にしたのである。

時間概念の変化と効率の追求は、フットボールの近代化にも影を落としている。一点先取で終了の中世の祝祭と違って、時計によって試合時間を管理し、時間内にどれだけ多く得点したかという「成果」が勝敗を決めるという競技理念の登場は、近代産業社会の能率至上主義との接点を取り結びながらフットボールの近代化が進んだことを示しているのである。

3　産業社会の試練とアメリカ型競技理念の登場

南北戦争と世界一の資本主義工業国アメリカの出現

校庭フットボールが競技としての輪郭を整えつつあった一九世紀半ばのイギリスは、すでに産業社会の様相を呈していた。だが同時期のアメリカは、全体としては農業国のままで、スポーツの近代化といえる現象もまだ見られなかった。そのアメリカが産業社会へと歩み始める大きな転換点となったのは、六二万人の死者を出した南北戦争（一八六一～六五）であった。

南北戦争では、軍需物資の生産が急ピッチで行われた結果、あらゆる工業分野の生産体制が強化され、鉄道輸送も発展した。加えてアメリカは、石油や鉄鉱石といった資源にも恵まれ、労働力不足を補うだけの移民がヨーロッパや東アジアから供給されていた。その結果、南北戦争終結からわずか二〇年ほどしか経っていない一八八〇年代に、アメリカはイギリスを抜いて瞬く間に世界一の資本主義工業国にのし上がってしまったのである。

南北戦争終結後の一九世紀後半のアメリカは、本格的な繁栄を手にしかけたかに見えた。南北戦争によって奴隷制度が廃止され、自由と平等という建国の理想との大きな矛盾をこの国は一つ乗り越えたかに思われた。また、カーネギーやロックフェラーのような平民から身を起こして巨大企業の経営者として成功する者たちが相次いで登場したことは、誰にでも成功への扉が開かれている社会へとアメリカが着実に向かっていることを予感させた。それゆえ、この時代は、民主的で豊かなアメリカという、アメリカンドリームが初めて現実味を帯び始めたかに思われたのである。

「金ぴか時代」の教訓

ところが、一八七〇年代から一八八〇年代にかけてのアメリカは、俗に「金ぴか時代」と呼ばれ、決してアメリカの最初の黄金時代とはみなされていない。それは、産業社会への急激な転換がもたらした繁栄の陰で社会の歪《ゆが》みが深刻化していたからだった。

原因は、自由放任主義経済の暴走にあった。絶対王政に反旗を翻して独立を達成したアメリカでは、伝統的に強大な権力に対する反感が強い。経済面でも、民間企業の自由な競争に政府は介入すべきではないとして、自由放任主義が支持されてきた。ダーウィンの『種の起源』(一八五九)に触発された、適者生存の原理が人間社会にも当てはまるとするスペンサーの社会進化論は、自由放任主義の正しさを科学的に裏づけるものとしてアメリカで歓迎された。

実際、自由放任主義の激しい競争が技術革新やコスト削減を促した背後では、不公正な企業活動も横行していた。競争によって淘汰《とうた》された企業が吸収合併され、市場が巨大化した数社による寡占状態になると、各社は次第にそれ以上の競争を避けるようになった。闇カルテルやトラストによる生産調整で値崩れが防止されると、価格は不当に高止まりし、巨大企業に富が集中していった。

さらに、同業種間の水平的統合が異業種間との垂直的統合へと波及すると、寡占状態の中から独占企業が登場した。例えば、石油精製業で財を成したロックフェラーは、鉄道会社と独占的輸送契約を結び、ライバル業者を蹴落として、アメリカの石油のほとんどを独占してしまった。独占企業が富を吸い取る一方、市場への自由な参入の道を断たれた多くの人々が落ちぶれ、富の偏在によって極端な格差社会が出現したのである。

こうして金ぴか時代は、資本主義の限界を露呈させ、自由放任主義への信頼を打ち砕いた。企業は公正な競争を遵守せず、所詮《しょせん》は私腹を肥やすだけの存在ではないのかという不信感は、公正な競争を担保するルールの導入へとつながる。一八九〇年のマーシャル法（反トラスト法）は、いわゆる独占禁止法であり、一九世紀末から二〇世紀初頭のアメリカ社会は、金ぴか時代の負の遺産を清算するための規制と改革の時代へと向かっていった。

規制と改革の時代とアメリカ型競技

野球やアメリカンフットボール、バスケットボールなどのアメリカ型競技が登場したのは、まさにこのような文脈においてであった。これらは産業社会と深く関わりながら、規制と改革の時代に競技としての骨格を整えた。ここでは、これらの競技理念がいかにこの時代の精神と類似しているかを概観しておきたい。

金ぴか時代の重要な教訓は、一に公正な競争を保証するルールの必要性、二に一部の人間に利益を独占させない必要性、三に富の公正な配分の必要性であった。換言すれば、公正な競争を阻害する行為に対する罰則と監視体制の強化、開かれた市場へのアクセスの保証、格差の是正である。アメリカ型競技には、実はこうした精神と共通する発想が顕著なのだ。

現にアメリカ型競技では、不公正に対する厳しい視線が反則の名称に表れている。例えばアメリカンフットボールには、「イリーガル・ユース・オブ・ハンズ」とか「イリーガル・コンタクト」と呼ばれる反則がある。フェアでないプレーは「イリーガル＝法律違反」とされ、取り締まりの対象となるのだ。また、最も重い反則の一つに「アンスポーツマンライク・コンダクト」（スポーツ選手らしからぬ振る舞い）というのもあり、審判や相手選手を侮辱した際などに適用される。バスケットボールを除けば他の競技にはまず見られない、こうしたいかつい反則名は、不正な企業活動を法律で取り締まりながら公正さの追求に血眼になっていた規制と改革の時代の精神がアメリカ型競技の根底に流れていることをうかがわせる。

また、アメリカ型競技では、主審を補佐する複数の審判がいる。野球は最大六人、アメリカンフットボールは通常七人、バスケットボールでは記録係やタイムキーパーの役割をするテーブルオフィシャルを含めて六人から七人で審判団を構成する。サッカーやラグビーが基本的には絶対的権限を持つ一人の主審によってゲームコントロールされてきたのに比べると、アメリカ型競技では審判団が役割分担しながら選手のプレーに目を光らせている。これはいわば監視体制の強化であり、自由放任主義からの転換と軌を一にしているのである。

さらに、アメリカ型競技が選手交代に寛容なのも、一部の人間に試合を独占させず、より多くの人に参加する機会を与えるという意味では、市場への開かれたアクセスを保証しようとする独占禁止法の精神を彷彿させる。アメリカンフットボールやバスケットボールでは、一度ベンチに下がった選手も試合に再登場できる。疲労に打ち勝って最後まで同じ人間がプレーすることより、部分的であっても、より多くの人が試合に参加できるようにすべきだという精神には、開かれた市場と格差の是正を重視する発想が痕跡を止めているといえよう。

公正さの担保と成果の最大化

とはいえ、監視体制と罰則を強化して公正な競争を確保し、市場へのアクセスを民主化したとしても、社会全体に富が行き渡るとは限らない。それには、社会全体の富そのものを増やし、一人一人の分け前も増加する可能性を高めるしかない。金ぴか時代の超格差社会を解消しようとすれば、究極的には生産の最大化を目指すことになるのだ。

アメリカ型競技が選手交代に寛容で、野球の代打のように状況に応じて最適な人材を投入し、得点という成果を最大限に得ようとするのは、実はこれと対応関係にある。また、こうした競技理念は、野球のワンポイントのリリーフ投手のように特定の状況への対処能力を専門に磨くことを奨励する。それは専門性の高度化であると同時に、特殊技能があればゲームに参加できるという、能力主義や成果主義をも強化する。

アメリカ型競技は、成果の最大化のために別の方法も導入した。それは、オフサイドの簡素化や撤廃である。アメリカンフットボールにもオフサイドという反則は一応あるのだが、それは守備側の反則で、得点を入れにくくするために攻撃側に適用されるラグビーやサッカーのオフサイドとはまったく異なる。しかも、アメリカンフットボールでは前方へのパスが解禁され、明らかに得点しやすいルールへと変更されている。また、バスケットボールに至っては、オフサイドという概念自体が消えている。ボールを奪ってゴール近くにいる味方にパスして得点すれば、それは決して卑怯な手段ではなく、むしろ見事な速攻なのだ。

民主主義・資本主義・スポーツ

自由放任主義の破綻からの再出発を目指した規制と改革の時代の精神は、公正さを担保するルールと監視体制の強化によって、平等と豊かさの両方を実現しようとしていた。それは、「ルールと監視体制がしっかりしていれば、民主主義の理想と資本主義の繁栄を両立させるのは可能だ」という信念ともいえる。この信念こそ、この時代に骨格を整えたアメリカ型競技のゆりかごなのである。

アメリカ型競技は、適正な競争、公正なアクセス、成果の最大化という、民主主義と資本主義の両立に必要な三要素を具現化するモデルとしての命を吹き込まれることになった。しかも、イギリスの校庭フットボールが体現していたように、近代スポーツはすでに教育現場と接点を有していた。そこには、教育課程とも連携しながら、規制と改革の時代の精神をスポーツを通じて強化できる可能性が広がっていた。

文化的独立と人為的集団統合

すでにイギリスではスポーツの近代化が始まっており、サッカーやラグビー、ゴルフやテニスなどが誕生していた。だが、旧世界が生み出したこれらの競技の内、サッカーやラグビーには中世の祝祭フットボールに通ずる要素が残存していたし、機会均等や成果の最大化という理念ともあまり親和性がなかった。ゴルフは学校ではできないし、テニスは大人数には向いていない。

しかも、新興国アメリカの立場からすれば、旧世界に対してアメリカの文化的独立を誇れるような新たな競技こそ理想的であった。その上、アメリカは移民国家として人為的な集団統合を宿命づけられて出発した国である。どこかよその国が生み出した競技よりも、誰からも等距離にあるような競技の方が、統合の象徴には相応《ふさわ》しい。

アメリカ型競技は、こうした一連の要請に応えるものとして発展していった。それは、旧世界の近代スポーツにおける学校教育との近接性については踏襲しつつも、スポーツの新たなあり方を提示した。すなわち、公正な競争と成果の最大化の両立の精神を体現する装置、そして、文化的独立や人為的集団統合への挑戦の舞台としてのスポーツというコンセプトである。実際、規制と改革の時代のアメリカが生み出したスポーツが、今度はその後のアメリカ社会を形作る機能を発揮し始めると、アメリカのスポーツの歴史は、近代産業社会の現実とアメリカの理想を架橋する試みの軌跡となっていった。それは、この国の到達点を検証するためのもう一つの有効な視座を提供してくれる。

このように考えてみると、アメリカ型競技がその後プロスポーツとなって巨大なビジネスに成長しているという点も、単なる商業主義と切り捨てることはできない。プロスポーツは高度に専門化されていったが、それは、能力さえあれば平等に経済的成功への機会が開かれていることを意味すると同時に、「するスポーツ」に加えて「観戦するスポーツ」という新たな文化をこの国で生み出した。そして、試合を観戦することでスタジアムの一体化という人為的集団統合も促進されるのだ。産業社会の世直しとともに登場してきたアメリカ型競技は、こうして民主主義、資本主義、文化的独立、人為的集団統合といったこの国の課題の核心部分とリンクした存在としての意味を持つに至ったのである。

本書の構成

本書では、アメリカはどのようなスポーツを作り、スポーツはどのようにこの国を作ったのか、アメリカ型競技の歩みを軸に、スポーツから見えてくるアメリカという国の特質を分析する。

第Ⅰ部「アメリカ型競技の生い立ち」では、アメリカ生まれの代表的な競技である、野球、アメリカンフットボール、バスケットボールの成立過程に焦点を当て、これらの競技理念やルールが、産業社会の基本原理や規制と改革の時代の精神とどのように結びついていたのかを明らかにする。同時に、これらの競技が、いくつかの重要な共通の発想を含みつつも、それぞれが独自の世界を切り開いていったことや、そこには一見するとスポーツとは無関係に思えるような産業社会内部の様々な思惑が深く関係していた点について述べる。

第Ⅱ部「スポーツの民主化と社会改革」では、社会と密接に結びつきながら登場してきたアメリカのスポーツが、実際の社会改革にどのような役割を果たしてきたのかを、人種差別、性差別、地域社会作りの三点から取り上げる。そして、デモクラシーの発現する公共財としてスポーツを捉える感覚が、スポーツへのアクセスの改善や競技の多様化を促し、この国のスポーツ文化、民主主義、共同体の三つの基盤を相乗的に強化してきた点について述べる。

第Ⅲ部「スポーツビジネスの功罪」では、一方ではアメリカのスポーツが資本主義とも深く関わってきた経緯を跡づけ、スポーツビジネスの功罪について取り上げる。ここでは、スポーツ、ビジネス、メディアの一体化が巨大な利権を生み出す一方で、新たな搾取の構造を作り出し、アメリカのスポーツの公共財としての意義を自ら破壊しかねないリスクをはらんでいる点を指摘する。

第Ⅳ部「スポーツと社会の新たな共振」では、スポーツに見られる新たな傾向が、現代アメリカ社会のどのような兆候と連動しているのかを考える。ここでは、第Ⅱ部で扱ったようなスポーツ、民主主義、共同体の連関、あるいは第Ⅲ部で扱ったようなスポーツ、ビジネス、メディアの一体化とは異なる形で、スポーツが新たに現実世界のどのような局面と結びつきを深めつつあるのか、グローバル化、記憶の民主化、トランプ現象の三つの切り口から分析し、スポーツのあり方が現代アメリカ社会の新たな姿をすでに如実に映し出してきている様子について述べる。

終章では、全体の議論を踏まえて、スポーツが体現するアメリカ的創造力の特質を整理し、それが近代産業社会のジレンマに対するどのような解答としての意味を持っているのかを考察する。そして、そこから得られる知見が、今後の日本における社会とスポーツのあり方を考える上でどのようなヒントを含んでいるのかを考えてみたい。

本書では、野球、アメリカンフットボール、バスケットボールといったアメリカ生まれの競技を軸にしつつも、サッカー、ラグビー、テニス、ボウリング、ラクロスなどの球技、ボクシングやプロレスといった格闘技、陸上競技、水泳、モーター・スポーツやエクストリーム・スポーツ、ローラーゲームやロデオに至るまで様々な競技に言及する。スポーツがアメリカの文化・社会の諸相とどのような関わりを持っているのかを分析し、スポーツという切り口が外国研究として意外な可能性を有していること、そして、そこからアメリカという国の核心に迫る新たな視点が開けてくることを示したい。

第Ⅰ部　アメリカ型競技の生い立ち

アメリカで四大プロスポーツとされているのは、野球、アメリカンフットボール、バスケットボール、アイスホッケーである。ここでは、これらの内、カナダ発祥のアイスホッケーを除く残りの三つの競技について、そのルーツと初期の発展の様子を取り上げる。

これらのアメリカ型競技は、産業社会の発展と関わりながら、一八九〇年代から一九一〇年代の規制と改革の時代には競技としての骨格を整えることになるのだが、実際には各々異なる意外なルーツを持ち、発展の軌跡も異なっていた。それは、産業社会内部の様々な社会的要請が異なる競技をこの国で生み出したことを意味する。と同時にそれは、金ぴか時代の失敗を繰り返すまいとする規制と改革の精神をともに呼吸しながら発展したこれらの競技が、スポーツと社会形成とを新たにこの国で結びつけていく出発点ともなったことを物語っていた。

第1章　南北戦争と国技野球の誕生

1　野球の起源と発展過程

野球の特殊な位置

アメリカが生んだ競技の中で、社会的に最も神聖な地位にあるのは、「ナショナル・パスタイム」(国を代表する娯楽）とされる野球である。だが野球は、アメリカンフットボールやバスケットボールに比べ、競技そのものの肌合いがかなり違う。時間制限もないし、ゴールというものもない。

こうした野球の特殊性は、実はこれが他の二つに比べて早い時期に姿を現し、いわば産業社会へ移行する以前の前近代の雰囲気を併せ持っている点にある。そして、この前近代性と近代性の混在こそ、アメリカにおける野球の神聖な地位に深く関わっているのだ。

野球の誕生をめぐる神話と史実

アメリカにおける野球の特殊性の一端は、誕生神話というべきものの存在からもうかがうことができる。長らく野球は、一八三九年にニューヨーク州の片田舎クーパーズタウンで誕生したとされてきた。今でもここは、アメリカの野球の聖地となっている。

野球の起源をめぐっては、以前から論争があった。スポーツライターのヘンリー・チャドウィックが、野球はイギリスから伝わった競技から発展したと主張したのを受けて、野球はアメリカで発明されたと考えていたスポーツ用品業のアルバート・スポルディングは、一九〇五年に野球の起源調査委員会の設置を呼びかけた。三年にわたる調査の過程で、アブナー・グレイブスという人物が、クーパーズタウンの学校に通っていた時に一緒に野球をしたアブナー・ダブルデイこそが野球の発明者だと証言した。その後一九三〇年代半ばになって、グレイブスの所持品がクーパーズタウン近郊の農家から発見され、野球のボールらしきものも見つかった。委員会の調査結果は正しかったとされ、野球生誕百年とされた一九三九年には、野球殿堂と博物館がクーパーズタウンに建設された。

ところがこの話は、かなり信憑性《しんぴょう》が薄いこともその後わかってきた。ダブルデイは、一八三九年にはクーパーズタウンにはいなかった。彼は南北戦争で活躍するのだが、当時は陸軍士官学校に在籍していた。にもかかわらずこの神話が流布したのは、野球が愛国的人物によって、しかも外界からの影響を受けにくいようなアメリカの田舎町で独自に発明されたというストーリーが、人々が思い描く野球の起源の理想像と合致していたからだろう。だが実際には野球は、まったく別の文脈から誕生したのであった。

野球発展の第一段階（一八四〇年代～南北戦争期）

一九世紀のアメリカには、投げられた球を棒で打つスタイルの競技がイギリスから伝わっていた。それらは二種類に大別できた。一つはクリケットで、一チーム一一人が数日かけて行う貴族的な競技、もう一つは、タウンボールやラウンダーズと呼ばれた一チーム九人を基本に町の広場で行う庶民的な競技だった。野球は、後者をベースに、クリケットとの違いを際立たせながら競技としての輪郭を整えていった。

野球発展の重要な舞台は、一八四五年にニューヨークで結成されたニッカボッカー・ベースボールクラブだった。このチームの関係者によって、野球の競技規則は整備された。時間がかかる上にルールが複雑なクリケットが簡素化され、二、三時間でできる競技になった。当時すでにアメリカ東海岸各地に野球チームがあり、独自のローカルルールを採用していたが、このニューヨーク式ルールが次第に優勢となり、一八五七年にはこの統一ルールの下で二二のクラブからなる競技団体が結成された。九人制、三アウト制、九イニング制、ダイヤモンド型の競技空間など、後の野球の基本的特徴も、この時点でほぼ固まった。

クリケットは広大な芝生が必要で、会場の確保が問題だった。しかも、数日を要する、有閑階級の貴族的な雰囲気を漂わせていたため、アメリカらしくない競技だという感覚があった。クリケットに代わるものとして野球は歓迎されたのである。

野球が広まる重要な契機は、一八六一年に始まった南北戦争だった。戦争は五年に及んだが、毎日戦闘をしていたわけではなく、両軍のにらみ合いが続くだけの局面が相当あった。戦闘のない日には兵士の娯楽が必要だった。各地から召集された兵士の中に野球選手がいたことから、健康維持と気晴らしの一石二鳥をかねて、前線の各地で野球が広まった。クリケットと異なり、非イギリス的＝アメリカ的競技だという感覚も、兵士の士気の維持には好都合だった。戦争が終わると、故郷に戻った兵士たちは、野球の面白さを各地に伝えた。

また、野球選手の多くが戦場に赴いた結果、特に北部の都市では徴兵年齢に届かない少年たちが新たにプレーするチャンスを獲得し、若年層に野球ブームが広まった。兵士や家族、遺族を支援するためのチャリティーゲームも行われた。野球と愛国心との接近は、戦場以外にも広がったのだ。こうして南北戦争を境に、地域的にも年齢層の面でも野球人口は増加し、野球はアメリカが誇れる愛国的な競技としての意味合いを帯びるようになった。

野球発展の第二段階（南北戦争後～一九二〇年代）

南北戦争後、野球はプロスポーツとして整備されるとともに、競技としても一段と洗練されていった。一八六九年には最初のプロチーム、シンシナティ・レッズが創設され、一八七六年には今日まで続くプロリーグ、ナショナル・リーグが結成された。一定の人口を持つ都市にしかチームは置けないなど、今日のフランチャイズ制（同一リーグ内の各チームは別々の都市を本拠地とする）に通ずる運営が模索された。また、賭博《とばく》や球場での酒類の販売を禁止するなど、規律を重視する規制と改革の時代の精神に合致する路線も追求された。一九〇三年には、優勝を決定するためのワールドシリーズが導入され、大リーグの輪郭がほぼ固まった。

一方でプロ野球の黎明期《れいめい》は、経営も不安定で、より多くの観客を惹《ひ》きつけようと、スピード感やスリル感を加味するためのルール改正が頻繁に行われた。フォアボールの導入（一八八九年）、メンバーチェンジの緩和（一八九一年）、盗塁規則の整備（一八九八年）などである。一八七〇年代にはトリプルプレーも記録されているし、一八九〇年代にはヒットエンドランのような戦術も登場した。

試合展開をテンポアップし、より組織的な連動性を持ち込んでゲームに動きを持たせようとする努力によって、すでに愛国的競技とされていた野球の人気は不動のものとなった。とはいえ、野球は、バスケットボールほどのスピード感はないし、投手が打者をじらすために間を取るような局面も多い。そこには、時計によって管理された産業社会のせわしなさとは一線を画す、のんびりした雰囲気が漂っているのも事実だ。野球に見られる、こうした近代性と前近代性の混在も、実は南北戦争と深く関係していたのである。

2　野球に刻まれた「前近代」の痕跡

近代戦への過渡期としての南北戦争

南北戦争以前から競技としてすでに歩み始めていた野球は、産業社会以前の前近代にルーツを持ちつつも、その発展過程では産業社会の影響を受けている。そして、こうした前近代と近代が混在する様子は、野球の普及の契機となった南北戦争そのものにも当てはまる。

奴隷制南部の連邦からの脱退という連邦分裂の危機を収拾した南北戦争は、前近代的戦法から近代戦への過渡期に位置していた。前近代的戦争は、武器を持って近づいた両軍が至近距離で相手を仕留める合戦型だ。これは一騎打ちの壮大な集積ともいえる。それに対し近代戦は、離れた場所から大砲などの大量破壊兵器を打ち込んだり、航空機から爆弾を投下するなど、効率的に敵を殺傷し、味方の被害を減らす戦い方をする。近代戦でも歩兵同士の戦いがなくなったわけではないが、それは最初から戦いの中心ではなく、大量破壊兵器と役割分担する存在である。

兵士の八割が歩兵だった南北戦争は、前近代的合戦型戦争の要素が強かったが、歩兵部隊の規模が大きく、狭い戦場で一度に数万人がぶつかり合うこともあった。そのため、相手の戦力を効果的にそぐには、大量破壊兵器の投入が有効だった。だが、大掛かりな兵器を戦場で使いこなすには、チームワークが不可欠だ。計画的に生産し、鉄道で運んで設営し、撤収するまでには、統制された組織を機動的に展開させる必要があった。南北戦争では、鋼鉄製の軍艦を建造して、遠方からの射撃も行われたが、この戦争は実際には前近代的戦い方を基本にしつつも、近代戦の要素をも持ち併せていたのである。

野球における近代性と前近代性の混在

南北戦争では、組織を効率よく運用し、味方の犠牲を最小化しつつ攻撃の成果を最大化しようとする近代戦の特徴と、個人の一騎打ちによって局面を打開しようとする前近代戦的要素が混在していた。野球には、これに対応する特徴が見られる。

まず、野球の近代的側面についていえば、ゲームの効率的な運営と組織性の重視が挙げられる。クリケットから時間を大幅に短縮したし、フォアボールの導入はゲームの停滞への抑止策だった。また、ダブルプレーやダブルスティール、ヒットエンドランなどの組織プレーの導入や、守備の中継プレー、自分はアウトになっても走者を進めるバントなどには、個の能力以上の成果を組織の力で引き出そうとする発想が見て取れるだろう。

さらに、野球は記録魔の競技である。選手のプレーを様々な観点からデータ化し、数値化するのに熱心だ。そして、勝敗と並んで、そうした数値を競うことも野球の重要な魅力になっている。打率や防御率といった確率を重視する発想は、この競技が予測可能性を追求するという、近代産業社会の基本的発想と親和性を持つことを示しているのだ。

ところが、一方で野球には前近代的要素も色濃く残っている。短縮されたといっても時間制限はない（大リーグでは決着がつくまで延長戦を行う）し、二時間以上要するのが普通だ。それに、そもそも野球の中核は、投手と打者との一騎打ちであり、これの集積でゲームが成り立っている。一騎打ちの集積というべき前近代戦の特徴に似ているのだ。また、野球では、ファウルやホームランのボールがよく観客席に飛び込むが、本来なら選手しか触れないボールにこれほど観客が触れられる競技も珍しい。選手と観客の境界線の敷居が低いという野球の特質は、初期の近代フットボールにおける選手と観客の区分の曖昧さを連想させる。

加えて野球は、近代社会が志向する規則正しさや互換性などにあまり執着しない。サッカーならゴールの大きさは決められている。だが、野球のストライクゾーンは、打者の身長次

1−1　フェンウェイ・パーク　大リーグ、ボストン・レッドソックスの本拠地、フェンウェイ・パーク。レフト側にはスタンドの代わりに高さ約11メートルの壁、通称グリーン・モンスター（その上部に少しだけ観客席がある）がそびえている。敷地の関係でレフトフェンスまでの距離を取れないことから、平凡な打球がホームランにならないように作られた

第で広くも狭くもなり、ゴールというような物理的空間が体現するような客観的な基準はない。また、サッカーでは、点数になるかどうかはボールの行方にかかっており、それがゴールに入れば自動的に得点となる。ところが野球では、ホームランを打っても、打者がベースを一周し、すべての塁を踏まなければ得点にならない。つまり、ストライクの範囲も、点になるかを決めるのも、ボールではなくて個人差を持つ人間なのだ。不規則を容認し、客観的基準に一元化しないという野球の人間中心主義は、前近代的世界を彷彿させる。

さらに、野球場の規格も場所ごと

に様々である。現在の大リーグの球場の中にも、ボストンのフェンウェイ・パークのようにレフトスタンドがなく、そこにはただ緑色の高い壁（グリーン・モンスターと呼ばれる）がそびえている球場もあるし、外野のフェンスが扇型に設置されておらず、所々で角張っている球場もある。ファウルゾーンの広さも球場によってまちまちだ。ある球場ではスタンドに入るようなファウルも、別の球場では野手に捕球されてしまうかもしれない。互換性やルールの統一性を重視する近代スポーツの方向性からすれば、野球ほど試合会場の規格が不統一な球技はない。

愛国的な競技として認知された野球ではあるが、それがアメリカ社会に受け入れられている事実は、こうした野球における近代性と前近代性の混在もが、アメリカでは肯定的に捉えられてきたことを暗示する。現に、アメリカにおける野球の神聖さは、これら両方の要素が強化された結果、揺るぎないものとなったと見ることさえできるのである。

3　国技への道

ブラックソックス事件

野球の持つ近代的要素の強化が国技としての野球の地位固めにつながった事例としては、

一九一九年のワールドシリーズにおける八百長疑惑、ブラックソックス事件が挙げられる。

この年は、アメリカン・リーグの覇者シカゴ・ホワイトソックスがナショナル・リーグの覇者シンシナティ・レッズよりも圧倒的に有利と見られ、前者の圧勝を誰もが予想していた。ところがいざ幕を開けてみると、ホワイトソックス側に随所で不可解なプレーが目立ち、何とレッズが五勝三敗で優勝をさらってしまった。ホワイトソックスの主力選手八人が、大穴を当てようとした賭《か》け屋の誘いに乗って八百長をはたらいた容疑で起訴された。ただ、ホワイトソックスの選手待遇が悪かったことや、マフィアから選手が脅されていたことなどから、選手たちへの同情が集まり、一九二一年に全員に無罪の評決が出された。

ところが、ワールドシリーズでの八百長疑惑を野球人気の重大な危機と捉えた大リーグは、この事件を機にコミッショナー制度（外部の中立的人物を各チームのオーナーたちの投票で選出し、リーグ運営上の絶対的権限を委ねる）を整備した。初代コミッショナーとなった連邦地方裁判所判事のケネソー・マウンテン・ランディスは、刑事責任を免れた八人に永久追放という重い処分を科し、法的責任とは無関係に独自の制裁を実施した。

この事件で大リーグは、選手生命よりも組織の防衛を優先し、国民的スポーツに違法行為が入り込む余地を断じて認めないという姿勢を打ち出した。実際には、一九世紀以来、野球は賭博の対象とされてきた歴史があり、この事件はそれを球界から一掃するには大リーグ側には好都合な面もあった。この裁定は、野球と賭博を分離し、野球という世界の純粋性を高めた点で、不純物を除去して個々の領域の純粋性を高めようとする近代産業社会の発想に通ずるものであり、野球の近代的要素を強化する措置であった。そして、このような野球の純粋化は、野球は悪に染まってはならない神聖な国技なのだという感覚を再確認し、アメリカ社会における野球の特別な地位はより盤石になったのである。

ベーブ・ルースとホームラン

ブラックソックス事件でイメージダウンを強いられた大リーグだったが、その翌年、救世主が登場する。ベーブ・ルース（一八九五〜一九四八）によって、ホームランの魅力があらためて脚光を浴びたのだ。

彼は七歳にして非行のために救護院送りとなり、一五歳で母を亡くし、成人して間もなく父も亡くした。しかし、救護院時代に野球の才能を見出され、一九歳にして大リーグにスカウトされた。

一九一四年から投手として出場し始め、翌年一八勝を上げる活躍をした彼は、打者としての才能も開花させた。一九一八年には一一本、翌一九年には二九本のホームランを放ち、それぞれ本塁打王に輝いた。

1－2　ニューヨーク・ヤンキースのベーブ・ルース

一九二〇年、ルースはボストン・レッドソックスからニューヨーク・ヤンキースに移籍した。財政難だったレッドソックスと、目玉選手を獲得したかったヤンキースの利害が一致した結果だった。そして本格的に打者に転向した彼は、この年は五四本、翌年には五九本のホームランを放った。

人々はなぜルースによるホームランの量産に魅了されたのか。ホームランは、いくら有能な野手が集団で守っていても、その頭上を越えていく。いわば個の力が組織を問答無用でねじ伏せてしまう現象だ。高度に組織化・分業化された産業社会においては、個人は役割分担を徹底され、組織全体を相手に渡り合えるような局面はほとんどない。個人が組織を圧倒するというホームランの魅力は、産業社会の中で埋没しそうになっている人々の夢と重なる痛快な出来事であると同時に、組織が君臨する以前の前近代的世界へと誘う部分がある。しかも、ホームランの打球は、組織の頭越しに観客に直接届く。それは、スポーツの近代化の過程で分離されたはずの選手と観客があらためて結ばれる瞬間であり、野球が内包していた前近代性を強化するものなのである。

また、ルースの人気は、彼の個人的な性格によるところもあった。天真爛漫《てんしんらんまん》で子供っぽく、都会的な洗練さを欠いていた彼の姿は、産業社会の歯車と化して没個性化した人々とは対照的だった。ルースが手繰り寄せた大リーグの黄金時代は、ホームランにしろ、彼の性格にせよ、いずれも産業社会の掟《おきて》破り的な魅力のなせる業であったといえよう。

「私を野球に連れてって」

ブラックソックス事件とベーブ・ルースの登場によって、野球は自らが内包する近代性と前近代性の両方をほぼ同時に強化することに成功した。それは、国民的競技としての野球の地位をいっそう揺るぎないものにした。だが、野球が他の競技の追随を許さぬ神聖な国技としての地位を獲得できた背景には、ある歌の存在も無視できない。今でも大リーグの試合で七回の裏の地元チームの攻撃に入る前にスタンドの観客が総立ちで合唱する、「私を野球に連れてって」である。一九〇八年に作られたこの曲は、当初から人気を博し、一九三〇年代には実際に大リーグの試合で歌われるようになっていた。

現在では、この歌の冒頭の歌詞は次のようになっている。

野球の試合に連れてって

Take me out to the ball game

Take me out with the crowd　大勢の観客がいるところへ連れてって
Buy me some peanuts and cracker jack　ピーナッツとクラッカージャックを買ってちょうだい
I don't care if I never get back　帰れなくなったってかまわない

クラッカージャックとは、ポップコーンのお菓子のことだ。多くの人は、子供が親に野球の試合に連れていくようにせがんでいる様子を思い浮かべるだろう。それは、野球が誰からも愛されていることを連想させる。だが、この曲のルーツをたどってみると、この歌詞の「私」はどう見ても子供ではないのだ。

作詞家のジャック・ノーワースの手によるこの曲のオリジナル版では、実はこれに先立つ前段部分があった。ケイティ・ケイシーという熱狂的な地元野球チームのファンの女性を、彼氏がデートに誘う。すると彼女は――ここで先に紹介した歌詞に続き、「私を野球に連れてって」と言い出したという展開になっていたのである。

ノーワースがこのような歌詞を書いた背景には、ヴォードヴィルの女性歌手トリクシー・フリガンザの影響があったと言われている。ノーワースにご執心だった彼女は、女性参政権運動の活動家でもあった。一九〇八年当時、アメリカでは女性にはまだ参政権がなく、良妻賢母の理想像に反旗を翻すことははばかられた時代だった。だが、産業社会の進展とともに家庭に埋没していく生き方を打ち破ろうとする女性も確実に増えていた。男しか事実上プレーできなかった野球に興味を持ち、野球場という家庭の外へ出て行って、遅くまで応援しようとするケイティは、型破りな女性像であった。

この歌の歴史が伝えているのは、野球が女性解放と接点を結んでいたという、今では忘れられた記憶である。当時テレビもラジオもなかったにもかかわらず、野球人気は女性にまで広まっていた。野球を観たいという女性たちの願いを無視することは、この競技の発展を考えればマイナスだし、野球が国技ならば、なおさらのことだ。でもそれは、女性は男の世界には足を踏み入れずに家庭に専念すべきという、当時の典型的な女性観を根底から揺さぶる可能性を秘めていた。野球そのものを女性がプレーできる環境は整っていなかったが、野球人気の高まりは、女性を取り囲んでいた壁に風穴を開けようとしていた。それは、アメリカ型競技におけるスポーツと民主主義の近接関係をあらためて彷彿させる。

だが、この曲が人気を博す一方、オリジナルが含んでいた女性側の視点はそぎ落とされていった。ノーワース自身、歌詞を書き換え、この歌詞が女性のあり方をめぐるデリケートな議論に発展しないよう警戒していた形跡も認められる。性差別を打破しようとする民主化の発想が不可視化されていったのと引き換えに、この曲が野球の国技としての地位をいっそう高めていったという経緯は、皮肉な面を持っている。この曲は、女性の社会的地位やスポーツをめぐる男女の不平等といった論点を後景へと追いやりながら、野球の神聖な地位が最終的に確立されたことをも暗示するからだ。実際、野球が手繰り寄せたデモクラシーは、二〇世紀前半の段階ではまだ不完全なものであった。

第2章　科学的経営管理の手法とフットボールの「アメリカ化」

1　アメリカンフットボールとはどのような競技か

キックが脇役で防具が必須のフットボール

野球に比べ、アメリカンフットボールの日本での知名度は明らかに低い。フットボールと名がつくのに、キックの出番が少ないという違和感もあろう。選手が全員ヘルメットや防具を装着する煩わしさも、普及のネックになっているかもしれない。

だがアメリカでは、ステイタスでは野球に劣るものの、アメリカンフットボールの人気は野球をしのぐ。まずは、この競技を理解する上で必要最低限の知識を整理しておこう。

大掛かりなチーム構成と役割の細分化

アメリカンフットボールでは、野球のように攻撃と守備が分かれている。ただ、野球では守った選手が自分たちの攻撃になったら打席に入るわけだが、アメリカンフットボールでは通常、守備の人は守備だけ、攻撃の人は攻撃専門になっている。プレーの際にフィールドに出られるのは一チーム当たり一一人だが、各チームとも攻撃と守備のユニットを持つので、これだけでも二二人になる。加えて、キックオフや攻守交代が起こる局面など特殊な状況に対処するために、スペシャルチームというさらに別のユニットを組む必要もある。負傷者が出た時の交代要員なども含めると、一チーム当たり約五〇人の選手がベンチ入りする。野球のベンチに入れる選手は二五人程度だから、およそ二倍の規模だ。

これだけの人数が必要なのは、それだけポジションが細分化されていることを意味する。攻撃、守備ごとの役割分担に加えて、それぞれの選手がこなすべき任務や担当すべきエリアが細分化されているのだ。産業社会の分業体制を具現化したようなチーム構成なのである。だが、こうした大掛かりな分業体制の代償として、実際の試合でボールに触れる選手は限られている。大半の選手は、ボールを活かす（ないし殺す）ために自らを捧げるのである。

攻撃の仕組み

アメリカンフットボールの競技場は、ラグビーに近い。ボールが与えられた攻撃側は、四回の攻撃権を保証され、キックを使うことなくボールを一〇ヤード前進させることができれば、さらに新たに四回の攻撃権を得られる。これを繰り返して、相手陣のゴール（エンドゾーン）にボールを運ぶとタッチダウンとなり六点が与えられる。自陣のゴールから相手陣のエンドゾーンまでは一〇〇ヤードである。もし四回の攻撃でボールを一〇ヤード前進できないと、その場で攻守交代となる。そのため、攻撃が不調の場合は、四回目の攻撃（第四ダウン）で、攻撃権を自発的に放棄する意思表示としてボールを相手陣めがけて蹴り込み（パント）、相手の攻撃のスタート地点（パントを捕球した相手選手がタックルされた地点）を自陣のゴールから遠ざけることができる。

すべてのプレーはセットプレーである。ボールが置かれた地点にはゴールラインと平行に境界線（スクリメージライン）が存在しているとみなし、これをはさんで攻撃側と守備側が対峙《たいじ》する。攻撃側は守備側の侵入をブロックするための最前線の選手（オフェンスライン）を六人程度横に並べる。その中心にいる選手（センター）が、自分のすぐ後ろに控えているクォーターバックと呼ばれる選手にボールを股下からトス（スナップ）し、プレーが開始される。

ボールをどのように前進させるかには、大別して二つの方法がある。一つはランプレーで、クォーターバックがさらに自分の後ろ、または横にいるランニングバックという選手にボールを手渡し、その選手がボールを持って走るというものだ。この時、オフェンスラインの選

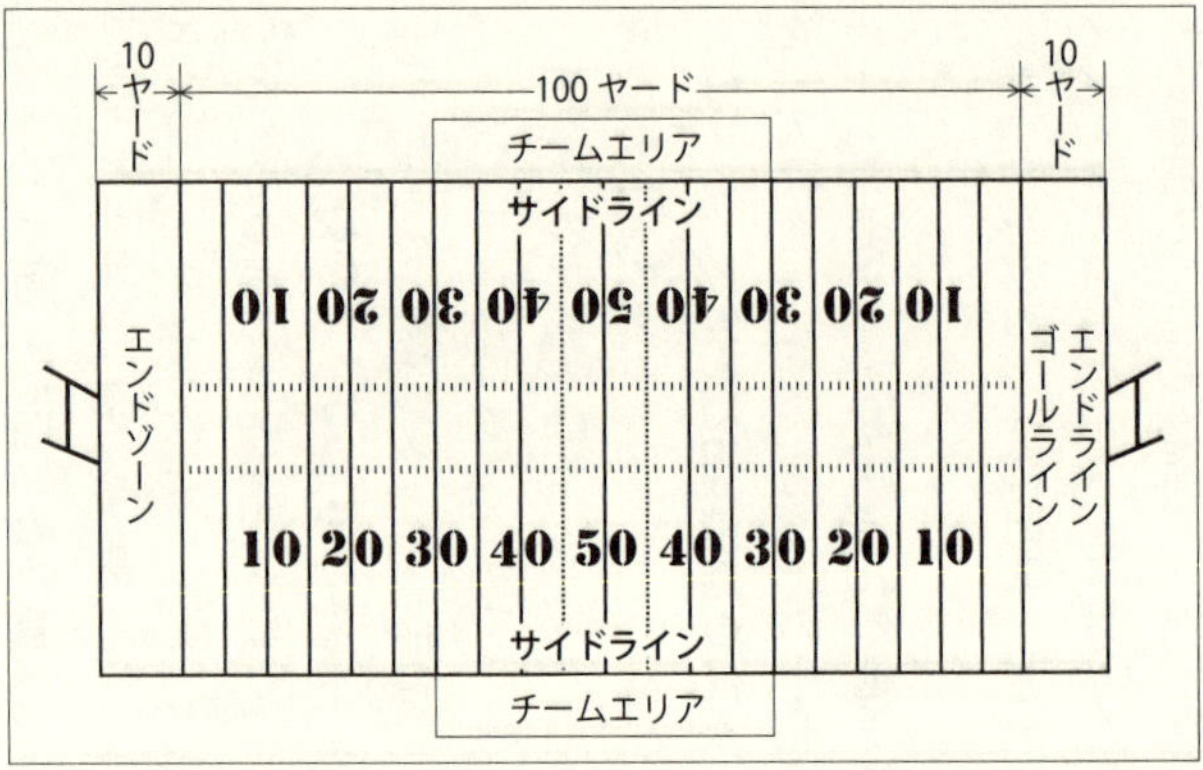

2－1　アメリカンフットボールのフィールド

手たちは、守備側の選手がランニングバックにタックルしようとするのを防ぐとともに、走路を空けるように敵をブロックする。もう一つはパスプレーである。これは、ボールをスナップされたクォーターバックが、相手陣めがけて走り込んだ味方のレシーバー役の選手にボールを投げて前進するプレーだ。ランよりも距離が稼げる可能性が高いが、仮に相手にパスを取られる（インターセプト）と、その時点で攻守交代となってしまうので、リスクも高い。

プレーの計画性と組織性

では、パスプレーを成功させるにはどうすればよいか。攻撃側は誰にパスするかを予め決めておき、それが見破られないよう、別のレシーバーはおとりとなって相手をかく乱して、マークを引きつける必要がある。また、ターゲットとなるレシーバーがど

2－2　アメリカンフットボールの攻撃（左側）と守備（右側）の陣形の一例
左側のチームの①の選手がセンター、彼を含む6人の塊がオフェンスライン（③）、彼の後ろの②の選手がクォーターバック、その横の④の選手がランニングバック。オフェンスラインから離れた位置に左右配置されているのがレシーバー役の選手（⑤）。守備側は、ランにもパスにも対応できるように準備しておかなくてはならない

2－3　ポジションの名称　①センター、②クォーターバック、③オフェンスライン、④ランニングバック、⑤ワイドレシーバー、⑥ディフェンスライン（ポジション番号は2－2とも対応）

こでボールをキャッチするかも予め決めておく必要があるが、最初からそこに突っ立っていては敵に察知されてしまう。守備側は、どこにパスを投げられても対処できるようにゾーンで守ることが多いので、守備の穴は個々の選手の受け持つ守備範囲の境界付近ということになる。とすれば、ターゲットとなるレシーバーは、自分にはパスが来ないかのような素振りをしながら、タイミングをはかって予め決めておいたゾーンディフェンスの境目に走り込み、そこにドンピシャのタイミングでクォーターバックが投げ込めば、パスが成功する可能性は高い。

これはパスプレーの一例にすぎないが、この競技ではプレーの計画性と組織性が重要なことがわかるだろう。事前にプレーをデザインし、それを成功させるために各人が分担された役割をこなし、タイミングをはかって機械のような正確な動きとコントロールでパスを通さなければならないからだ。その間オフェンスラインの選手は、クォーターバックとレシーバーが計画通りプレーできるよう守備の選手の侵入を協力して阻止（パスプロテクション）せねばならない。計画通りにいくかどうかは、組織として意思統一された動きができるかにかかっているのだ。

すべてがセットプレーであるアメリカンフットボールでは、どのようなプレーを行うか予め計画を立てやすい。したがって、相手チームの攻撃や守備のバリエーションを予め研究し、それらに有効なプレーをどう繰り出すかという、ゲーム全体の運び方をも計画（ゲームプラン）しやすい。つまり、試合前にどのようなプレーをするか予め計画し、それが正確に再現できるように選手たちは練習するのだ。

だが、試合では当然予想外のことが起こる。それゆえ、この競技では、攻撃側はプレーの前にその都度円陣（ハドル）を組んで、作戦の微調整を行う。また、競技場の上段にはスポッターという偵察係が配置されている。スポッターは相手の陣形や動きが予想通りかどうかをチェックし、すぐさま味方ベンチへ通報する。計画通りにいかなかった場合も、組織の力で軌道修正していくのである。

時間・空間・行動のコントロール

アメリカンフットボールの試合時間は、正味一五分のクォーターを四回、合計正味六〇分で行われる。一回のプレーは数秒である。ただし、パスが失敗した時、ボールがサイドラインから出た時、得点が入った時、反則があった時、攻守交代の時などは、自動的に時計が止まる。そのため、インプレー時間の合計は六〇分だが、通常は試合が終わるまで三時間程度かかる。ロスタイムという考え方は排除され、試合の残り時間はゲーム・クロックによって厳格に管理されている。また、ゲーム・クロックとは別にプレー・クロックがあり、一定時間内に次のプレーを始めないと反則となる。時間の浪費に対して厳しいのだ。

しかし攻撃側がリードしていれば、相手にボールが渡らないよう、短いランプレーを重ねて着実に前進し、残り時間を合法的に減らすことも可能だ。得点するのも重要だが、相手に反撃の機会を与えないように残り時間を消費できれば勝利の可能性は高まる。一方、負けている側は、前後半各三回のタイムアウトを請求できるので、試合時間を残すためにこの権利を行使する。作戦タイムというよりは、時計を止める手段としての意味合いが強いのだ。つまり、この競技は、時間を浪費しないという考え方が顕著に見えるが、むしろ、時間そのものを人間がコントロールしようとする発想がその根底には流れているのである。

さらに、この競技の反則には、空間や人間の行動をもコントロールしようとする発想が表れている。反則は、すべて距離に換算して、ボールの位置をずらす形で空間的に適用される。その結果、四回の攻撃で一〇ヤード進むべきところが、より後方の地点から反則の加算分を加えた距離だけ前進しないと新たな攻撃権が得られないことにもなる。この競技は、ボールをエンドゾーンへと空間移動させるゲームだが、こうした反則の適用方法は、この競技の根幹がフィールドポジションをどう獲得（ないし喪失）するかにあることを物語っている。つまり、アメリカンフットボールは、自分たちの達成度を空間的に表現・確認しようとする競技であり、空間を制圧することの延長線上に得点が与えられる仕組みになっているのである。

一方、相手の前進を不公正に阻止することに対しては厳しい反則が科される。プレー直後の十分に受け身を取れないような態勢の相手選手にタックルすると、ラグビーでもレイトタックルという反則になる。アメリカンフットボールでこれに相当する反則は、最も重い一五ヤードの罰退を科されるパーソナルファウルというカテゴリーの下、ラフィング・ザ・パサー、ラフィング・ザ・キッカー、アンネッセサリー・ラフネス（不要な暴力行為）などと呼ばれ、この種の行為の粗暴性を強調する名称になっている。肉体の力はあくまでも合法的に行使されねばならず、理性を欠いた粗暴性は認められないのだ。この競技は、粗暴性という人間の行動面をも厳しい罰則によってコントロールしようとするのである。

2　アメリカンフットボールの発展過程

サッカー式とラグビー式

しかしながら、アメリカンフットボールは最初からこのような競技理念を顕著に備えていたわけではない。一八六九年にプリンストン大学とラトガーズ大学との間で行われた史上初のアメリカンフットボールの試合は、今日のサッカーに近いものだったらしい。一方、一八七〇年代には、ハーバード大学が今日のラグビーに似たフットボールを行っていた。イギリスから入ってきたフットボールは、各地で独自のルールで行われていたが、いずれも拠点は大学だった。ハーバードのフットボールは、元来は上級生の新入生に対する手荒な歓迎行事のような通過儀礼的性格を持ち、けが人も出るほどだったらしい。

だが、ハーバード式ルールを次第に他大学が受け入れ、ハーバードとの試合を求めるようになっていく。ハーバードがこの方式以外の対戦を拒否したことに加え、ハーバードとの対抗戦を始めることで他校が自らのステイタスを上げようとしたからだった。そして、対抗戦が広まるにつれ、ハーバード式ルールをより整備しようとする人物が登場した。ハーバードと並ぶ東部の名門、イェール大学のチームに在籍していたウォルター・キャンプ（一八五九〜一九二五）である。

ウォルター・キャンプと「アメリカ式」フットボール

キャンプは、一八七〇年代後半から約半世紀にわたり、アメリカンフットボールのルールの整備の中心人物となった。ハーバード式フットボールは、彼によってアメリカンフットボールという独自の競技へと進化したといっても過言ではない。ラグビー的なゲームから独立できないでいたハーバード式フットボールが独自の競技へと進化する重要な分岐点となったのは、彼が攻撃権を保証するためにダウンという概念を導入したことだった。

ラグビーの場合、攻撃側は、スクラムから出されたボールをさらに後方の味方にパスするか、あるいは敵の真っただ中へと蹴り込むことになるが、彼は、こうした戦い方はボールを効率的に前進させるのを阻害していると考えた。また、ハーバード式フットボールでは、ブロック・ゲーム（膠着《こうちゃく》した試合）が頻発していた。攻撃側が相手にボールを渡さないことに固執し、両軍無得点に終わる味気ない試合すらあった。

そこで彼は、攻撃側のボール保持者がタックルされて倒れた時点でプレーを止め、その地点から攻撃側が再びボールを持って前進できるようにした。だが、これだと永久に攻撃権が移らないことになってしまうので、一定の回数の攻撃権（ダウン）で一定の距離を前進しなければ攻守交代するというルールを合わせて導入した。当初は、三回のダウンで五ヤードというルールだった。

一定の条件の下で攻撃権を保証し、進んだ距離で攻守交代の有無を判断するのは、イギリスのラグビーにはなかった独自の発想だった。これによってアメリカンフットボールはすべてがセットプレーとなった。プレーをデザインし、計画通りに成功させるために繰り返し組織的に練習することがこの競技には必須となったのだ。

アメリカンフットボールの存続の危機とローズベルト大統領の政治介入

キャンプによるルールの整備の結果、一九世紀末には東部の名門大学ではこの競技の人気が高まっていた。ところが、一方では困った問題も出てきた。勝利のためには手段を選ばぬ卑怯な戦法の横行である。相手の中心選手に対して故意に危険なプレーをしかけたり、集団でタックルして負傷させ、試合に出られなくしてしまうような戦術が広まったのだ。

ボールとは関係のないところでも攻撃側と守備側が体をぶつけあうアメリカンフットボールでは、ただでさえサッカーやラグビーよりも負傷者が出やすい。加えて、悪質なラフプレーによる死者やけが人が相次いだことで、次第にアメリカンフットボールの粗暴性は社会問題化していった。一九〇三年のアメリカンフットボールの試合での死者は年間で四四人に達し、大学側にも試合を禁止しようとする動きが出てくる。アメリカンフットボールは存続の危機に立たされたのだ。

若者の肉体的鍛練に役立つとしてアメリカンフットボールを評価しながらも、事態を重く見たセオドア・ローズベルト大統領は、一九〇五年、当時のこの競技の中心だったハーバード、イェール、プリンストンの各大学の関係者を呼び、ルールを改正し、粗暴性を防止するよう迫った。競技規則のさらなる見直しの気運は他の大学にも広まり、諸大学が参加してルール改正の検討の場が作られた。それは、後の全米大学体育協会（NCAA）へと発展する。

今回の重要な改正点は、前方へのパスを解禁したことだった。これによってアメリカンフットボールは、後方にしか投げられないラグビーと完全に異なる競技へとさらに一歩踏み出すとともに、危険なプレーやブロック・ゲームに対する抑止力を確立した。過度の肉弾戦を避け、パスで短時間に効率よく得点していくチームが登場し、粗暴な行為やブロック・ゲーム的な時間つぶしに頼る戦い方は淘汰されていった。また、前方へのパスの解禁は、サッカーやラグビーのような攻撃側のオフサイドを重視する発想とこの競技が一線を画し、効率的に得点を競う競技としての性格をより鮮明にしたことを意味していた。

3　産業社会の申し子としてのアメリカンフットボール

独占禁止法との類似性

金ぴか時代に普及し始めたものの、数々の問題を抱え、存続の危機を迎えていたアメリカンフットボールは、こうして規制と改革の時代に息を吹き返した。その軌跡は、アメリカ資本主義の破綻と再出発に重なる。しかもその旗振り役は、産業社会の世直しに奔走していたローズベルト大統領であった。彼は、金ぴか時代の自由放任主義の暴走への防波堤として作られた一種の独占禁止法である反トラスト法に基づいて、不正な企業活動の取り締まりを重視した。彼のこの競技への介入は、独占禁止法の精神の延長線上にあったと見ることができる。

実際、ブロック・ゲームは、ボールを片方のチームが独占しようとすることから生じる弊害であった。また、故意に相手をプレーできなくするような集団タックルも、不正な手段でライバル業者を市場から締め出そうとした金ぴか時代の企業活動と通底するものであり、同じく独占禁止法の取り締まり対象との類似点を持っていた。

ローズベルトによる政治介入を経て解禁された前方へのパスは、ブロック・ゲームと違法なタックルを抑止した点で、独占禁止法的効果を持つルール改正だったといえる。効率的に成果を最大化することと公正な競争の両立を促したからだ。だが、独占禁止法的処置を必要とするほどこの競技が資本主義の暴走の弊害と似た様相を呈していたことは、そもそもこの競技が産業社会の企業活動と似た要素を備えていたことをも暗示する。

計画性の重視と偶発的要素の排除

現にアメリカンフットボールは、企業活動と似た要素で成り立っている。すべてがセットプレーであるこの競技では、対戦相手を徹底的に分析し、プレーをデザインする。そして、一〇ヤード前進するという短期的目標を計画に沿って次々にクリアしていくことで、最終的にタッチダウンという成果を獲得しようとする。こうしたゲームプランニングの手法は、マーケティングに近い。相手が何を好み、どういう行動をとりやすいかを予め調査して、最も効果的な商品の開発と販売方法を考えるマーケティングの精神と酷似しているのだ。企業はマーケティングを基に、想定した利益の確保に向けて、障害となる不確定要素を極力排除しようとする。一方のアメリカンフットボールも、緻密《ちみつ》な計画とリハーサルによってプレーの精度を上げ、偶発的ミスを極力減らそうとするのだ。

企業活動とこの競技に共通する計画性の重視は、偶発的要素の排除に通ずる。企業活動もアメリカンフットボールの試合も、実際には予測通りにいかないことが多い。だがともに両者は、予測可能性と実行可能性の精度を高め、不確定要素に徹底的に挑戦しようとする。それは、偶然が入り込んで計画が狂うリスクを最小限にしようとする欲望を体現している。そして実際、一九世紀後半のアメリカの工場労働の現場でも、こうした発想に裏打ちされたテイラーシステムという科学的経営管理の手法が存在感を増していた。

テイラーシステムと成果の最大化

フレデリック・テイラーは、一八七〇年代にフィラデルフィアの製鉄工場を舞台に、従業員をどのように配置し、どう作業させれば最も生産効率が上がるかを、ストップウォッチを使って計測した。作業の動作をいくつもの段階に分け、各段階を最短で行うには機械と人間の位置関係や人間の動作がどうなればよいかを彼は明らかにしようとした。この種の科学的実験結果に基づく最適な生産体制は、テイラーシステムと呼ばれるようになる。

テイラーにとって生産の最大化は、不確定要素を徹底的に排除した作業モデルを構築することに等しかった。そして、労働者があたかも時計を内蔵した機械の如く正確に作業できるよう訓練することが、有効な経営管理につながると信じていた。こうした理念は、タイミングをはかって目標地点に正確にパスを投げ込む練習を繰り返す、アメリカンフットボールを彷彿させる。産業社会の工場労働者とアメリカンフットボールの選手は、根本的には同じことを要求されたわけである。現に、テイラーシステムの成立と、キャンプがアメリカンフットボールのルールの整備に乗り出したのとは、時期的にもほぼ一致している。

実際、アメリカンフットボールは産業社会の工場労働を支える原理との親和性が高い。ポジションが細分化され、各自が決められた動きをすることで組織としての成果を最大化するということの競技の理念は、分業化・専門化・組織化によって生産効率を上げようとした産業社会の基本原理と重なる。テイラーシステムは、こうした産業社会の基本原理の究極の姿であり、単位時間当たりの成果の最大化に向けて空間と行動を最適化しようとする。偶発的要素を排除し、時間と空間と行動をコントロールできれば成果は最大化できるという信念は、テイラーシステムとアメリカンフットボールの競技理念に共通しているのだ。

しかも、ここで興味深いのは、この競技のルールを整備したウォルター・キャンプは、コネティカット州ニューヘイブンの時計製造メーカーが家業だったという点だ。コネティカット州は、一九世紀のアメリカにおける時計産業の拠点の一つだった。テイラーシステムの登場がアメリカの産業革命の到達点だとすれば、人間の手で時間を管理する能率至上主義への道を開いた時計の量産は、産業革命の入り口というべき位置にある。それら両方との接点を感じさせるアメリカンフットボールは、まさに産業社会の申し子であり、その競技としての成立過程は、金ぴか時代から規制と改革の時代への転換ともまさしく符合していた。

フットボールの「アメリカ化」は、自由放任主義の限界を打破しようとする独占禁止法の精神や、最適な生産体制を生み出そうとする科学的経営管理の発想と軌を一にしていた。しかも、この競技が企業活動や産業社会の生産体制と親和性を持ち、その拠点が大学という教育機関であったことは、産業界が求める組織の歯車となる人材を、教育課程が提供するスポーツを通じて再生産できるメリットがあった。粗暴性ゆえに一時は存続の危機に立たされたアメリカンフットボールにとっても、それはこの競技の効用をアピールするのに好都合だった。産業界、教育界、スポーツ界の思惑がこうして一致した時、産業社会の申し子としてのアメリカンフットボールの本格的な発展が始まったのである。

第3章　宗教・移民・バスケットボール

1　布教と体育――産業社会の到来と宗教勢力のスポーツへの進出

ピューリタニズムの世俗化と福音派の台頭

産業社会の原理を色濃く反映する形で大学を舞台にフットボールの「アメリカ化」が進んだ結果、アメリカンフットボールは、産業社会の歯車となる人材の育成の一環として認められるようになった。だが、産業社会に相応しい人間を作り出す上でチームスポーツが有用だと考えていたのは、産業界や教育界だけではなかった。今から考えると意外に思われるかもしれないが、スポーツの活用に極めて熱心だったのは、宗教勢力であった。そして、この文脈からバスケットボールが誕生する。なぜ宗教とスポーツが結びついたのかを理解するには、アメリカにおける宗教観がどう変化してきたかに目を向ける必要がある。

アメリカにおける宗教と社会の関わりは、一七世紀のピューリタンにまで遡ることができる。しかし、神権政治的な体制はほぼ三世代で崩壊してしまった。予定説の立場をとるピューリタンの社会では、回心という決定的な宗教的体験を経た者だけが教会員として認められた。だが、移民第一世代の宗教的熱狂は、世代交代とともに次第に消え失《う》せ、教会員の減少という危機を招いた。そして、理性の力で誰もが幸福を追求できると考える、一八世紀の啓蒙思想の時代になると、一部の人しか神に救われないとする予定説は、時代の流れに逆行する教義となってしまった。

ピューリタンの信仰体系は選民思想的で、かつ全員が実践するには厳しすぎるものだった。ある意味では、それが世俗化・簡素化・民主化の圧力にさらされるのは時間の問題だったともいえる。実際、彼らの信仰の核心部分は、節約や勤勉の美徳、禁欲的な倫理観などへと世俗化され、今日のアメリカにまで受け継がれている。だが宗教の世界では、一八世紀の段階でピューリタンはすでに宗派としての影響力を失ってしまっていた。代わってアメリカのプロテスタント教会で台頭していったのは、福音派と呼ばれる勢力であった。

福音派は、ピューリタンのような予定説の立場をとらず、できるだけ多くの人々が神に救われるよう、神の福音を世に広めることに価値を置く。それゆえ、実際にどれだけ多くの人を救えるかを教派間で競い合うようになっていった。一八世紀から一九世紀にかけては、西部開拓が進行中で、自分が移住した地域にまだ教会がないという人も大勢いた。福音派の教会は、各地で伝道を強化し、勢力拡大に努めた。

福音派にとっては救いという結果が重要なので、厳格な教義や秩序だった教会組織は必ずしも絶対ではない。だが、こうした傾向は、ある種の現世救済を志向するところがあり、宗教が俗世間の事柄に積極的に介入していく流れを作り出した。現在でもアメリカでは、妊娠中絶や同性愛などの争点に対して宗教勢力が介入しようとする度合いが強いが、これはこうした流れの延長線上にあるといってよい。

現世救済への使命感と産業社会への対応

一九世紀後半にアメリカが産業社会に突入した時、すでにプロテスタント教会の中心勢力となっていた福音派は、ここで大きな試練に直面した。ダーウィンの進化論やそれに触発された社会進化論の登場で、適者生存の原理が科学の名の下に流布し始めたからである。適者生存が人類の宿命なら、福音を届けることに果たして意味があるのか。現世救済を志向する福音派は、自らの存在理由に関わる問いと格闘しなくてはならなくなったのだ。

こうした事態をめぐって、結果的に福音派の対応は二つに割れた。一つは、科学との対決姿勢を鮮明にし、聖書の字句に忠実であろうとする原理主義的立場で、ファンダメンタリズムと呼ばれた。もう一つは、科学との全面対決を避けながら、産業社会の動向により積極的に関与することで、人々を福音派につなぎとめておこうとする現実的な立場であった。それは、産業社会のマイナス面をカバーし、適者生存の原理によってはじかれる人々を救う仕事に福音派の活路を見出そうとする発想でもあった。生き残りをかけて宗教のさらなる世俗化の道を選択しようというわけである。

では、どの分野なら宗教の活躍の余地が残っているのか。宗教界が着目したのは、人々の健康であった。心の健康を担うのが宗教だとすれば、肉体の健康の維持へとサービスを拡充しても決して不自然ではなく、人々に自然に受け入れられる可能性が高かったのである。

健康増進の前線基地としての宗教

実際、産業社会への移行に伴い、心身両面での人々の健康問題が表面化していた。単調な工場労働や組織化された管理社会の下、個人は閉塞感《へいそく》にさいなまれ、ノルマを達成するためにストレスを感じていた。また、人々の体力低下に対する懸念も高まっていた。農村的な肉体労働から遠ざかり、軟弱になったのではないか、また、過密化した都市空間の環境悪化に伴い、病気にかかりやすくなったのではないか、といった漠然とした不安が広まっていた。

適者生存の原理は、こうした不安に対する答えを用意してはいなかった。そこで宗教界は、産業社会を生き抜くための心身の健康増進の拠点を提供することで、自らの存在意義を示そうとした。そして、そのための前線基地となった機関が、ＹＭＣＡ（Young Men's Christian Association）と呼ばれる組織だった。このＹＭＣＡが提供した体育教育こそ、バスケットボール誕生の舞台となるのである。

2　バスケットボールの誕生

ＹＭＣＡ

一九世紀後半にアメリカ各地に広まったＹＭＣＡは、青少年にキリスト教の精神を広める目的で設立されたが、宗教を前面に出すというよりは、レクリエーションの要素を取り入れた、ソフトな路線を重視していた。そして宗教界は、このＹＭＣＡのネットワークを活用して体育教育に積極的に参入することで、産業社会の弊害から人々の心身を守ろうとした。

だが、マサチューセッツ州スプリングフィールドのＹＭＣＡの体育教師ルーサー・Ｈ・ギューリックは、ある問題に頭を悩ませていた。春から夏には屋外で野球やアメリカンフットボールを実施できたが、雪の積もる冬場はグラウンドが使えないし、屋外は寒い。仕方なく体育館で体操をさせていたのだが、あまり面白くなさそうであった。そこで彼は、同僚のジェイムズ・ネイスミス（一八六一～一九三九）に、冬場に屋内で楽しめる球技を考案するよう依頼した。

ネイスミスは、体育館の広さや構造を考えると、ボールを持って長い距離を走ったり、ボールを蹴るような競技は不向きだと考えた。そこで、狭い範囲でボールを投げ合うことで得点を競うゲームを考えようとした。それには、ボールが遠くへ行かないよう、サイズを大きくする必要があった。また、ボールを何かに投げ入れて得点を競う場合、地面に近いところにゴールがあったのでは人が邪魔になって得点が入りにくいことにも気づいた。こうして彼は、地面から離れた高い位置に籠《かご》を設置して、そこに大きなボールを投げ入れて点を競うゲームが理想的だという結論に至る。最初のバスケットボールの試合は、一八九一年一二月にスプリングフィールドのYMCAの体育館で行われた。

ネイスミスの一三ヵ条

考案者のネイスミスは、一三の基本ルールを設定した。現在ではバスケットボールの競技規則はその数倍に及び、当初のルールからは変更されているものもあるが、この一三ヵ条からは彼がどのような理念をこの競技に込めようとしたかをうかがうことができる。

まずネイスミスは、タックルを禁止した（第五条）。ボールの奪い合いという肉体的接触を減らし、むしろボールを動かそうとしたのだ。その発想は、ボールを持って走ってはならないというルールにも反映された（第三条）。むしろ、できるだけボールが体から離れるように仕向けたのだ。パスを受けるために選手たちは刻々と位置取りを変えねばならないから、狭い場所でもかなりの運動量になる。冬場の運動不足解消には理想的だった。

また彼は、反則を強化する姿勢を鮮明にした。二度ファウルした選手は、次の得点が入るまで一時的に退場とした（第五条）。同じチームが三回続けてファウルした場合は、相手チームに自動的に得点が与えられた（第七条）。ラグビーのペナルティーゴールやサッカーのペナルティーキックも、反則と得点の機会とを結びつける発想を体現しているが、これらの場合、必ず得点できるとは限らない。反則と得点を直接結びつけ、チームファウルという連帯責任を負わせるというネイスミスの発想は、他の球技にはなかったものだった。

ネイスミスの構想は、アメリカンフットボールの競技理念と比較してみると、その特質がより明確になる。粗暴性を回避するという意識は、アメリカンフットボールの改革の際にも見られたが、彼はそれをフェアプレーに反するという観点からのみならず、運動効果という面からも考えていた。過度の肉体的接触を抑えてボールを動かせば、粗暴性の抑止と運動効果の一石二鳥だった。また、罰則の強化という方向性も基本的には両者に共通していたが、反則を得点と連動させることで、反則を抑止しつつ、勝つためにより多く得点することへと彼は競技者の関心を向けようとした。アメリカンフットボールがプレーをデザインしゲームをコントロールする計画性を重視したとすれば、バスケットボールは、ボールを素早く動かすスピーディなゲーム展開とゴールの量産を奨励していたのである。

身体の最適化からゲームのスピードアップへ

実際、その後のバスケットボールのルール改正では、得点シーンを増やすための試合の迅速化に力点が置かれてきたといってよい。例えば、五秒ルール（審判からボールを受け取ったら五秒以内にコートに投げ入れないと反則）、一〇秒ルール（得点された後は一〇秒以内に相手陣にボールを持ち込まないと反則）、バックパス・ルール（自陣にボールを戻してはならない）、二四秒ルール（自軍のボールになってから二四秒以内にシュートを打たなければ反則）などである。

そもそもバスケットボールには、オフサイドの概念がなかったので、得点の量産とは相性がよかった。現在のNBAでは、両軍ともに一〇〇点を超える試合が珍しくないが、これほど多くの得点が入る球技はバスケットボールくらいだ（ここでは詳述しないが、バレーボールもYMCAによってバスケットボールとほぼ同時期に考案された競技である。だが、サッカーと並んでバレーボールもアメリカではマイナーな競技に甘んじているのは、恐らく得点の量産という「成果の最大化」とあまり親和性がないからだろう）。

だが、ゴールの下に常に誰かを張り付けておき、ボールを奪ったらすぐその選手に渡すという方法は、選手の動きを増やすという目的に反してしまう。そこで導入されることになったのが三秒ルール（フリースローのゾーン内に攻撃側の選手は三秒以上続けて留まってはならない）であった。また、スリー・フォー・トゥーのルール（反則に対して与えられるフリースローを最大三回まで増やす、現在では廃止）の導入も、罰則の強化と得点の量産をさらに推し進めた。選手の動きにいっそうスピード感を加味しつつ、反則に対してはより厳しく臨む形でこの競技のルールは整備されていったのだ。

こうしてバスケットボールは、冬場の運動不足を解消して身体を最適化するという目標から出発しつつも、目まぐるしいゲーム展開を特徴とする競技へと発展していった。だが、その根底には、アメリカンフットボールと同様に、産業社会の再出発との接点が刻まれていたことも見逃せない。この競技がボールを素早く動かすことを要求している点は、ボールの独占がもたらす膠着状態を阻止しようとする点で独占禁止法的であり、罰則の強化を志向してきた点も同様である。また、当初は反則を得点と連動させるまでして得点への意識を強調していた点は、成果の最大化を目指す産業社会の精神と通底していた。計画性を重視するか、スピードを重視するかという違いがあったとはいえ、アメリカンフットボールとバスケットボールは、産業社会の基本原理や規制と改革の時代の精神がスポーツという文化装置を貫いていた様子をともに映し出していたのである。

3　バスケットボールの普及

YMCAから都市部の移民下層階級のスポーツへ

アメリカンフットボールもバスケットボールも規制と改革の時代に競技としての骨格を整えたが、その後の発展過程には、顕著な違いも見られた。前者が大学から高校へという教育機関をベースにした、どちらかといえばエリート的色彩を帯びていたのに対し、後者はそれまでスポーツの恩恵をあまり受けてこなかった層の人々にも浸透していった。

当初はYMCAの白人プロテスタント信者の関係者のためのレクリエーションとして考案されたバスケットボールだったが、YMCAのネットワークを通じて広まるにつれ、その面白さは外部の人々にも知れ渡った。この競技の効用に注目した人たちに、白人のソーシャルワーカー（福祉活動家）たちがいた。

当時はアメリカの工業化の発展に伴って、ヨーロッパから大量の非熟練労働者が都市部に流入していた。彼ら移民労働者たちのスラム街での生活環境は劣悪だったが、そもそも冬場に屋内で行う前提で開発されたこの競技は、大掛かりな設備を必要とせず、野球やアメリカンフットボールのような特別な用具もいらなかったので、適当な場所さえあればスラム街でも実施可能だった。ソーシャルワーカーたちは、この競技が移民下層階級のための健康増進とレクリエーションとして役立つのではないかと考えたのだ。

その結果、バスケットボールブームは、YMCAから都市の移民下層階級にすぐさま飛火した。それは、移民の健康増進のみならず、アメリカ社会になじませる意味をも持ち、新たな国に対する愛着を移民たちの間に広める効果も発揮した。実際、バスケットボールの黎明期の強豪チームには、大学チームに混じって、YMCAのチームやユダヤ系などの移民のチームが存在した。

また移民労働者たちと同じく貧困にあえいでいた都市部の黒人たちにも、この競技は普及していった。中でも一九二〇年代にシカゴで結成されたハーレム・グローブトロッターズという黒人チームは、プロチームを破るほどの実力を発揮する一方、曲芸的でユーモア溢れるボールさばきで観客を魅了し、「魅せるバスケットボール」というべき新境地を開拓した。今日のNBAでも、ダンクシュートをはじめ観客の目を楽しませる華麗なプレーが少なくないが、そこにはこうした「魅せるバスケットボール」の伝統が生き続けているといえよう。

女子バスケットボールの発展

バスケットボールが野球やアメリカンフットボールと異なる発展過程をたどった様子は、

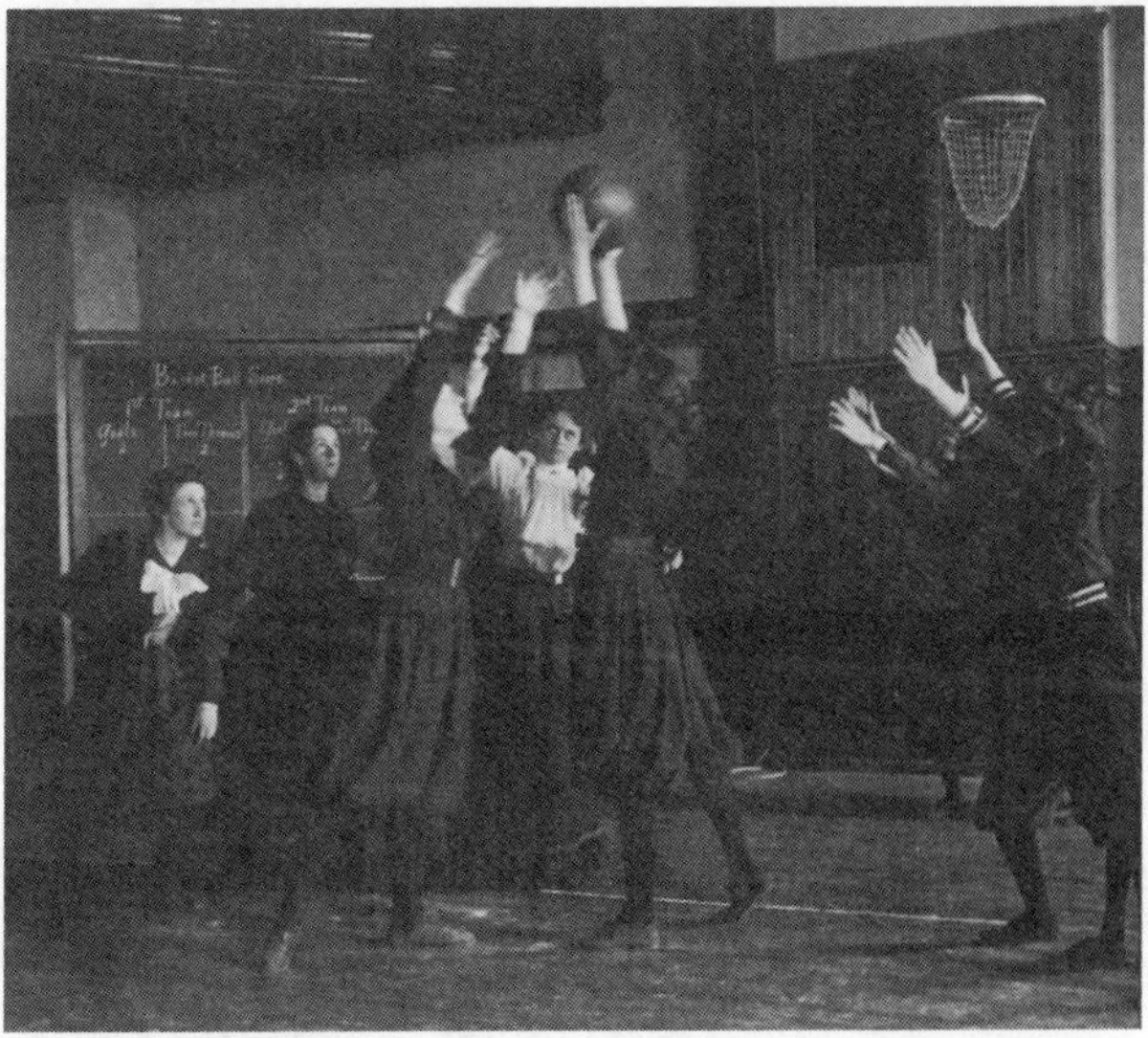

3－1　1899年の高校の女子バスケットボールの様子　選手はロングスカートをはき、ゴールの籠には穴はあいていなかった

これが女性に普及した点にも顕著に表れている。それには、競技の手軽さという、移民への普及の時とはやや違った要因が関係していた。

工場労働の定着は、職場と家庭を男女が役割分担するライフスタイルを浸透させた。その結果女性は、家庭を離れず、人前でもつつましく振る舞うべきだとされた。ところが、産業社会で人々が覇気を失って軟弱になっているのではないかという漠然とした不安が広まると、女性ももっと活動的であるべきだという考え方が出てくる。そもそも宗教界が体育教育に進出した背景にあったのもこの種の不安だったわけだが、それは女性の健康増進に役立つスポーツの必要性を提起していた。その点バスケットボールは、動きは速いが接触プレーを抑制していたので、女性にも向いているのではないかと考えられたのである。

女性スポーツの章であらためて言及するが、当時は女性に許された種目はまだ限られていた。そのためこの競技は女性の間でも爆発的に流行し、一九二六年には最初の女子の全国大会も開催されている。こうしてバスケットボールは、移民下層階級や女性といった、それまでスポーツがあまり浸透していなかった人々を吸収していった。バスケットボールは、アメリカ型競技に込められた民主主義的性格を最もよく体現する競技となっていったのである。

軍隊・愛国主義・アメリカ型競技

こうして、一九世紀後半から二〇世紀初頭にかけて、アメリカ型競技は輪郭を整えていった。しかし、後発だったアメリカンフットボールとバスケットボールは、一定の人気を獲得していたとはいえ、国技としての神聖な地位にはなく、プロリーグが順調に発展していくような段階にまでは到達していなかった。発展途上にあったこれら二つの競技を社会の中でどのように位置づけていくかは、まだ固まっていなかったのだ。そこへ、これら二つの競技の歩みに新たな一ページを記す事件が起こる。第一次世界大戦(一九一四〜一八)である。

第一次世界大戦は、ヨーロッパの政争には干渉しないとする建国以来の孤立主義をアメリカが史上初めて本格的に放棄した大事件だった。それには、ヨーロッパへと派遣する兵士の訓練やその予備軍となる若者の体力強化が急務だった。

南北戦争では、兵士たちは戦場での暇つぶしに野球に興じた。しかし、もはや近代戦となった第一次世界大戦の場合、組織的な攻撃に加えて計画性やスピードを重視したアメリカンフットボールやバスケットボールの方が、兵士に求められる任務との親和性があり、体力強化にも好都合だった。これらの競技の価値は高まり、軍隊生活の一コマにもなった。そもそも冬場の体力強化を目的に考案され、広い場所を必要としないバスケットボールは、兵器庫や洋上の艦船でも行われた。また、ウォルター・キャンプも海軍のために運動プログラムを作成し、ジェイムズ・ネイスミスも陸軍の依頼で各地を講演旅行した。これらの競技と軍との関係が深まる中、海外に赴いたアメリカ兵たちは、異国の地にこれらアメリカ生まれの競技を誇りをもって伝えた。

こうした経緯から浮かび上がってくるのは、これら三競技がいずれもその発展段階において戦争や愛国主義と密接な関係を取り結んでいた事実である。実際、これらの競技のプロリーグの試合では、試合開始前に国歌を斉唱する習慣が定着している。

とりわけ、アメリカンフットボールは、戦争との類似性が最も顕著だといわれる。空間を制圧する攻撃方法や、自分は犠牲になってもボールを前に進める組織的で自己犠牲的な戦い方、綿密な作戦の立案と徹底したリハーサルの精神などは、戦争と共通する要素だ。実際、アメリカンフットボールには、戦争を彷彿させる名称がプレーにもつけられている。ディフェンスラインよりも後方の守備陣がクォーターバックめがけて奇襲することを「ブリッツ」というが、これは軍事用語で電撃攻撃や集中空爆のことを指す。また、スーパーボウルの開会式では、国歌斉唱の終了に合わせて編隊を組んだ空軍機が競技場上空に爆音をとどろかせながら飛来する。

アメリカ型競技は、産業社会の基本原理との親和性のみならず、軍隊や愛国主義とも関わりながら発展してきた。このことは、産業社会が求めた理想の人間像と軍隊や国家が必要としていた人間像とが重なっていた可能性を物語っている。それは、体力があり、組織の成果の最大化のために正確かつ規律正しく行動できる人間なのだ。

アメリカ型競技は、産業界、教育界、宗教界、軍隊といった本来立場の異なる勢力を媒介する装置としての機能を持ち始めた。これらの競技をたしなむことには教育的価値があり、それは有能な労働者であることとも、宗教心を持つこととも、軍隊に奉仕することとも、愛国心を育むこととも決して矛盾しないとみなされるようになったのだ。現にアメリカの大統領選挙では、候補者の資質を計る指標として、社会的に成功を収めたか、軍歴があるか、宗教心があるかといった点が重視されやすく、それらをすべて体現する候補者に信頼が集まりやすい。アメリカ型競技は、産業社会内部の様々な方面からの要請をいわば束ねる形で、こうしたアメリカ的感覚の基盤を提供することになったのである。

アメリカという国には、他の先進国とは異質な部分がある。先進国では、宗教や軍の影響力は相対的に弱まる傾向にある。だがアメリカは、最先端の科学技術を誇る産業立国であり、世界有数の研究教育機関を多数擁するなど、先進国中の先進国としての特徴を持つ一方では、他の先進国ではあまり社会の表に出ることのなくなった軍事的なるものや宗教の存在感が現在でも非常に大きい。世界各地に最新装備の軍を展開する傍ら、国内には三億丁の銃が氾濫《はんらん》し、同性愛や妊娠中絶が宗教と絡んで大統領選挙の争点にまでなるという状況は、他の先進国には見られない。街中の家々が祝日でもないのに星条旗を軒先に掲げている光景をアメリカではよく目にするが、この種のストレートな愛国主義の表明という部分でも、先進国の中ではアメリカはかなり例外的であろう。

こうした先進国らしからぬ要素が混在する状況は、アメリカという国の不可解さの一つに違いない。しかしアメリカでは、産業社会の求める人間像と軍隊が必要とする人間像が重ねられ、教育界と宗教界もスポーツを通じてそれを支える図式が登場した。そしてそれは、アメリカ型競技が根底に宿していた、産業社会の世直しという愛国的なスタンスをも強化したのだ。アメリカ型競技の生い立ちは、一見すると不可解なこの国の姿がどのように形成されてきたのかの一端を垣間見させてくれるのである。

第Ⅱ部　スポーツの民主化と社会改革

アメリカ型競技は、資本主義の再生と民主主義の強化は両立しうるという規制と改革の時代の精神を呼吸しながら、アメリカの文化的独立を体現する存在として歩み始めた。もっとも、アメリカ型競技には、それぞれ異なった特徴もあった。前近代的要素を最も色濃く残していた野球は、国技としての神聖な地位を獲得した。産業社会の企業活動との類似性が最も強かったアメリカンフットボールは、大学を中心に普及したエリートの競技としての性格を持っていた。一方、宗教界の体育教育への進出の過程で生まれたバスケットボールは、それまでスポーツの恩恵を受けてこなかった移民や女性たちにも浸透していった。

しかし、いずれの競技も、産業社会の再出発を担う人々に活力を与え、国家への愛着を高める機能を持っていた。これらの競技は、アメリカの理想を追い求める社会改革の精神と根底では強い親和性を持っていたのである。実際、その後のアメリカ社会の変革には、スポーツが深く関与していく。それは、アメリカ型競技自身が民主化と人為的集団統合を深化させ、スポーツと社会形成とがこの国でより緊密に結びついていく軌跡ともなった。

第4章　人種の壁への挑戦

1　個人種目からの挑戦

産業社会と人種隔離

建国以来のアメリカ社会の最大の懸案の一つは人種問題であった。南北戦争で奴隷制度は廃止されたとはいえ、それは人種差別の根絶を意味してはいなかった。実際、南北戦争後、南部では黒人を抑圧する様々な制度が再構築された。中でも公共の施設における人種隔離を定めたジムクロウと称される法律は、一八九六年に連邦最高裁判所が出したプレッシー対ファーガソン判決において合憲と認められ、人種の壁は「分離すれども平等」という論理の下、空間隔離というより陰湿な形で合法的に存続していった。人種問題の解決は、産業社会へと移行した後も高いハードルであり続けたのだ。

その後の黒人たちの解放闘争は、この空間秩序をどう覆すかに向けられた。第二次世界大戦後の公民権運動によってジムクロウは撤廃に追い込まれるが、その重要なお膳立てをしたのは実はスポーツだった。両大戦での黒人部隊の貢献や芸能界での黒人の活躍も、白人社会の偏見を和らげ、公民権運動への追い風になったことは間違いない。しかし、これらは人種隔離という空間秩序を根底から揺さぶるものでは必ずしもなかった。その点スポーツは、能力主義や国際試合の開催といった見地から、黒人を締め出すアメリカのローカルルールの不当性を白人側に直視させ、人種隔離を撤廃に追い込める可能性を秘めていた。産業社会が黙認してきた人種の壁の空間秩序は、スポーツの挑戦を受けることになったのである。

黒人スポーツの規制とボクシングの国際化

とはいえ、長らくアメリカでは、黒人がスポーツに参入する道は大きく閉ざされてきた。参入できたのは、ステイタスが低く蔑《さげす》まれた競技か、見世物的要素が強いものに限られた。その中でも黒人が華々しく活躍できたのは、競馬だった。競馬は賭博の対象としてアメリカでは蔑まれてきたため、白人たちは積極的には参入していなかった。一方、黒人たちは奴隷制時代に奴隷主の馬の管理をしていたので、馬の扱いは知っていた。それゆえ、奴隷解放後は黒人のジョッキーが競馬界を席巻する。しかし、ジムクロウによる人種隔離政策の強化に伴い、黒人たちは免許を剝奪《はくだつ》されてしまった。

競馬という活躍の場を失った黒人たちに残されていた数少ない競技は、陸上競技とボクシングであった。これらに共通していたのは、見世物的要素が強い点だった。馬と黒人を競争させたり、白人と黒人を戦わせたりするイベントでの黒人選手の待遇は、とうてい公正とはいえなかった。ところが、ボクシングはイギリスで盛んだったため、一九世紀にはすでに旧英領植民地に普及し、当時のスポーツとしてはかなり国際化が進んでいた。ボクシングは賭け事の対象でもあったため、各地で法律上禁止されていた時期もあったが、一八九〇年代には国境を越えてタイトルを争う競技になっていたのだ。国内では白人との真剣勝負を許されていなかったアメリカの黒人ボクサーが世界で活躍できれば、アメリカのボクシング界も自国の黒人選手を無視できなくなる可能性がそこにはあった。

ジャック・ジョンソンの王座獲得

実際、一九世紀末にアメリカの黒人ボクサー界に一人の天才が出現した。ヘビー級のジャック・ジョンソンである。彼は黒人同士の対戦では無敵を誇り、黒人の世界王者として白人の世界王者との対戦を模索し始めた。しかし、白人の世界王者でアメリカ人のジェイムズ・ジェフリーズは、黒人との対戦を拒否し、引退してしまった。するとジョンソンは、今度はタイトルを引き継いだカナダ人のトミー・バーンズを追いかけ、一九〇八年にオーストラリアで対戦した。ここでジョンソンは勝利し、名実ともに世界王者となった。

この結果にアメリカの黒人たちは狂喜したが、白人たちは激怒した。劣等人種とみなしてきた黒人に、白人が敗れたからだ。白人側は、有望な白人ボクサーを次々にジョンソンと対戦させたが、彼はことごとくその挑戦を退けた。そこで、最後の手段として引退していたジェフリーズに白羽の矢を立て、一九一〇年に両者は対戦した。しかし、ここでもジョンソンは圧勝し、白人側の企ては完全に手詰まりとなった。

ベルリンオリンピックと黒人選手による代理戦争

ジョンソンの事例は、すでに国際化していた競技にはアメリカ流の「分離すれども平等」の論理が通用しないことを明らかにしたが、黒人の能力を認めることに対してアメリカ社会が極めて不寛容だったことを示している。しかし、ナチスの台頭による国際情勢の緊迫化に伴い、アメリカは黒人選手の能力に国家の威信をかけざるを得ない状況に直面する。

ヒトラーは、一九三六年のベルリンオリンピックをアーリア人種の優越性を示す機会にしようと考えていた。アメリカは、国内に厳然たる人種差別が存在していたとはいえ、こうした露骨な人種主義に対しては、建国の理念からして反対すべき立場にあった。アメリカの黒人選手がベルリンオリンピックで活躍できれば、ナチスの人種主義の野望を打ち砕けることから、アメリカはあえて一八名という空前の数の黒人選手を送り込んだ。

とはいえ、人種隔離によってスポーツの表舞台から締め出されてきた黒人たちにとって、世界と渡り合える競技水準にあったのは、見世物的要素を持ち、例外的に参入を認められていた陸上競技くらいだった。中でも、陸上の才能を買われてオハイオ州立大学への進学を許されたジェシー・オーエンズ（一九一三〜八〇）

4－1　ジェシー・オーエンズ

は、一九三五年に行われた大学対抗の競技会でわずか四五分の間に世界新記録三つとタイ記録を一つ樹立するという偉業を成し遂げていた。ベルリンオリンピックでも彼は、一〇〇メートル、二〇〇メートル、走り幅跳び、四〇〇メートルリレーの四種目で金メダルを獲得し、ナチスの人種主義をへし折るという国家的使命を果たした。

国際政治の対立がアメリカの黒人選手に突如として活躍の場を与えるという現象は、プロボクシングでも起こった。ジャック・ジョンソン以来の有望な黒人ボクサーだったジョー・ルイスは、一九三五年にイタリアの元世界王者プリモ・カルネラを破り、一躍有名になった。この時イタリアは、アフリカで数少ない独立国だったエチオピアへの侵攻を画策していた。

そのための試合は、ムッソリーニのファシズムを、アフリカを故郷とする黒人とアメリカが迎え撃つという代理戦争に喩《たと》えられ、ルイスの勝利はアメリカを大いに湧かせた。

そしてルイスは、一九三七年に世界王座を奪取すると、残る最後の強敵だったドイツのマックス・シュメーリングとの対戦に臨んだ。シュメーリングは、アーリア人の優秀さを証明する存在としてナチスの英雄になっており、かつてルイスを破ったことがあった。それゆえこの再戦も、アメリカの民主主義対ナチスの反ユダヤファシズムの戦いに準えられた。この試合に勝利したルイスは、オーエンズ同様、ナチスのプライドをへし折ったのであった。

オーエンズやルイスの活躍はアメリカ国民を熱狂させたが、試合が終われば彼らは所詮黒人扱いだった。アメリカは利用できる時だけ能力ある黒人を利用し、目的が果たされれば従来通りの人種の壁を維持しようとしていた。スポーツの国際化は、「分離すれども平等」というアメリカの論理を一時的に停止させたにすぎず、アメリカ社会に自発的にそれを撤回させる力とはならなかった。これら個人種目では、黒人選手はヒーローになることはできたが、黒人全体に対する差別に風穴を開けることはできなかったのである。

2 団体競技からの挑戦

都市への黒人の人口移動とニグロ・リーグの興隆

個人種目が成し遂げられなかった人種隔離の撤廃は、団体競技からの挑戦に託されることになった。その重要な舞台を提供したのは、野球だった。

一九二〇年代になると、北部の都市の発展と南部の農業不況を機に、北部の都市へと黒人が職を求めて大量に移住した。そして北部の都市の黒人コミュニティが大きくなると、黒人による黒人のための娯楽産業が台頭する。中でも人気を博したのが黒人だけの野球チームで、娯楽の少なかった中西部の都市の黒人社会で特に発展した。そして、いくつかの町の黒人チームからなる黒人のプロ野球リーグ（ニグロ・リーグ）が結成された。

ニグロ・リーグは、黒人コミュニティそのものが貧しかったために財政基盤が弱く、チームの消滅やリーグの再編を繰り返したが、一九二〇年代から一九三〇年代にかけて黄金時代を迎える。それは、観客動員の安定に加え、傑出した選手が続々と登場したからであった。

大リーグを脅かす逸材の相次ぐ登場

中でも特筆すべきは、サチェル・ペイジとジョッシュ・ギブソンであった。ペイジは投手として通算二五〇〇試合以上に登板し、二〇〇〇試合以上で勝利した。日本ではプロで二〇〇勝すれば名球会入りとなるが、その一〇倍以上の勝利数だ。完封試合は三五〇以上、ノーヒットノーランは五〇試合以上で、一試合二〇奪三振以上を頻繁に記録している。実力ゆえの余裕からか、外野手をベンチに下げて打者と勝負することもあったらしい。一方のギブソンは捕手で、リーグ史上最高の打者であった。一九三一年には、年間七五本の本塁打を放った。

こうした大記録は、レベルが低かったから生まれたのではない。現にニグロ・リーグの実力は白人だけの大リーグの耳にも届いていて、実際、大リーグはニグロ・リーグとの試合を行っている。それらは正規の試合としてではなく、あくまでもエキシビション・ゲームとして行われたが、両者は少なくとも合計四三六回もの試合をしている。結果は、大リーグの一六八勝、ニグロ・リーグの二六八勝で、ニグロ・リーグが圧倒している。もちろん、ベストメンバー同士の戦いだったかどうかを考慮しなければならないが、ニグロ・リーグの実力が大リーグに引けをとらなかったのは確かだろう。ペイジ自身も、一九三〇年には大リーグ選抜相手に三振二二個を奪って完封している。

ジャッキー・ロビンソンのドジャース入団とニグロ・リーグの消滅

両リーグの交流の歴史は、白人側が黒人選手の実力に一目置いていたことを表している。しかし、大リーグは黒人選手を迎え入れようとはしなかった。ジムクロウが合法だった時代、白人選手と黒人選手が同じチームでプレーするなどとうてい想像できないことだったのだ。仕方なく黒人選手は、正規の試合の他にエキシビション・ゲームを各地で行ったり、シーズンオフにもカリブ海地域のリーグに参加して収入を稼いだ。彼らの記録が桁違いなのも、実はその試合数の多さに由来する。貧しい黒人コミュニティでは、高い入場料は取れないから、各地で試合数をこなす以外に収入を増やす方法がなかったのだ。ペイジがわざわざ野手をベンチに下げさせて投球したのも、一種のファンサービスとしての集客目的の部分もあったのだろう。また、ニグロ・リーグは、移動式の投光器を使って、大リーグではまだナイターがなかった時代に、観客が集まりやすい夜にも試合を各地で行っていた。移動距離や移動時間を考えれば、相当な過密スケジュールだったはずだ。

経営基盤がもろかったニグロ・リーグは、第二次世界大戦で大打撃を受けた。選手の多くが戦場へと送られ、リーグの存続が危うくなってしまったのである。だが、この時、黒人選手たちの窮状に手を差し延べようとする人物が登場する。大リーグ、ブルックリン・ドジャースのジェネラルマネージャーだったブランチ・リッキーである。

4－2　ジャッキー・ロビンソン　ショートを守るピー・ウィー・リース（左から3人目）と隣同士で座るジャッキー・ロビンソン（左から2人目）。リースは人種差別の激しかった南部の出身ながら、ロビンソンを暖かく迎え入れたことで知られる。白人選手と黒人選手がダッグアウトでこのように談笑する光景は、ジムクロウ時代には考えられなかった

リッキーは、もはや才能ある黒人選手に大リーグは門戸を閉ざすべきではないと考え始めていた。そして、終戦の年、ニグロ・リーグのカンザスシティ・モナークスに所属していたジャッキー・ロビンソン（一九一九～七二）とマイナー契約（支配下選手ではあるがメジャーリーガーとしてではなく、二軍でプレーすることを前提とした契約）を結んだ。ロビンソンはまだ若く、どちらかといえば無名の選手だった。リッキーは、いきなりニグロ・リーグの大物を入団させて、白人選手よりも高い能力が発揮されてしまうと、かえって観客の反発を招くのではないかと危惧していた。そこで、有望な若手をマイナー（二軍）で育て、白人たちの指

導のおかげで黒人選手も一人前になったという形をとって、大リーグにデビューさせようと考えたのだ。

ロビンソンは一九四七年に大リーグに昇格し、相手チームや観客からの嫌がらせに耐えながら二塁手として活躍、新人王に輝いた。彼の成功を皮切りに、大リーグは黒人選手に門戸を開き、アメリカ社会におけるジムクロウ廃絶に向けて風穴を開けた。それは、後の公民権運動に弾みをつけることになる、公立学校における人種隔離を違憲と認定した一九五四年の連邦最高裁判決（ブラウン対教育委員会判決）の七年前のことであった。

実際、公民権運動の戦術と比較すると、大リーグの人種隔離撤廃の持つ意味の大きさが見えてくる。黒人たちは、公立学校での人種隔離が教育効果における著しい不平等を招いていることを根拠に、「分離すれども平等」というジムクロウの論理に挑戦した。そして、学校を分離されていること自体が黒人生徒に劣等感を与えている証拠を裁判で提示することで違憲判決を導き出すことに成功したが、教育現場での人種統合に対してはその後も各地で白人側の根強い抵抗が続いた。一方、ロビンソンの事例は、白人側が黒人の能力を認め、自発的に差別を撤廃したことを意味している。それは、アメリカ型競技の能力主義が体現しようとしてきた民主的な精神が、ようやく現実の社会を動かした瞬間でもあった。大リーグが黒人選手に門戸開放したことで、ニグロ・リーグはその使命を終え、一九五〇年代には事実上消滅した。

3　能力主義とアメリカ民主主義の強度

アメリカ型競技における「専門化」の射程

すでに国際化していた個人種目では実現しなかったのに、野球という団体競技が人種隔離撤廃の呼び水となれたことは、アメリカ型競技の特質と射程をあらためて考えさせてくれる。

産業社会の基本原理との親和性が高いアメリカ型競技では、分業化・専門化が進み、ポジションが細分化される傾向にある。それは、状況に応じて最適な人材を投入するというメンバーチェンジの発想とも相性がよく、より多くの人がゲームに参加できる点では民主主義と、より成果が最大化できる点では資本主義の精神とも軌を一にする。また、特殊な専門的技能の重視は、能力主義や成果主義を強化する。つまり、選手の価値は、あくまでその人の能力という物差しに一元化される。逆に言えば、能力のある者が試合に出られない、ましてチームにさえ入ることができないとすれば、それはこのシステムと根本的に矛盾する。

大リーグは、こうしたアメリカ型競技の理念を守るのか、それともそれを曲げて人種隔離社会に加担するのかの二者択一を迫られていた。ブラックソックス事件を機に野球の神聖さを脅かす要素を徹底的に排除する道をすでに選択していた以上、黒人選手の締め出しは正当化できないことであった。アメリカ型競技が奨励する能力主義によって人種の壁を打ち破れる可能性が最も高かった競技こそ、野球という国技だったのである。

だが、その野球とて、黒人選手の実力を素直に受け入れるには長らく抵抗があった。それゆえロビンソンは、偏見を和らげるために、優等生を演じなければならなかった。能力だけでなく、白人に好感を持たれなければ、人種の壁が再び立ちはだかりかねなかったからだ。

その意味からすれば、アメリカ社会が人種的偏見を本当に乗り越えられたのかを計るには、白人が好まないようなキャラクターの選手をどれだけ受容できたかが重要なバロメーターになってくる。これを考える格好の事例こそ、モハメド・アリ（一九四二〜二〇一六）である。

モハメド・アリをめぐる償いと和解

彼の本名は、カシアス・クレイ。一九六〇年のローマオリンピックでボクシングのライトヘビー級王者に輝いた彼は、故郷の南部ケンタッキー州ルイビルに戻ったが、自分が相変わらず黒人として差別を受ける現実に怒り、金メダルをオハイオ川に投げ捨てたという。白人社会を見限った彼は、黒人だけのイスラム教団に入信し、モハメド・アリと改名する。一九六四年には、プロボクシングの統一世界ヘビー級のタイトルを獲得した。

ところが一九六七年、彼はベトナム戦争への徴兵を拒否したことから有罪判決を受け、タイトルもライセンスも剝奪される。彼は約三年間試合から遠ざかり、現役時代の貴重な時間を棒に振ってしまう。再起をかけた彼は、一九七四年、三二歳にしてジョージ・フォアマンを破って王者に返り咲く。その後一九七八年にタイトルを失うも、すぐに奪い返し、三年後に引退した。

一九八二年にパーキンソン病を発症して公の場から姿を消していた彼が再び人々の前に姿を現したのは、一九九六年のアトランタオリンピックの開会式だった。彼は最後の聖火ランナーからトーチを受け取り、震える手で聖火台に点火した。かつて奴隷制度を擁護した南部で初の開催となったこのオリンピックでは、南部が過去の人種差別的風土にけじめをつけられるかが注目された。それを意識した演出が開会式でなされたのだ。

イスラム教に改宗し徴兵も拒否したアリは、反キリスト教的で反愛国的な黒人として敵視されていた。奇跡のカムバックを果たしたことで、彼に対する世間の印象は次第に好転してはいたが、あえて彼に名誉ある役割を与えたこの演出は、アリ自身や差別されてきた黒人に対する償いと和解の意味を持っていた。今ではアリのイメージは、差別と闘い、良心に従って戦争を拒絶した人物、国家や国民を敵に回しても自分の信念を貫き、不屈の精神をリングの内外で発揮した人物という評価に変わってきている。生意気な黒人選手というかつてのイメージは影を潜め、彼の功績と正面から向き合える地点にまでようやくアメリカ社会はたどり着いたのである。

能力主義の可能性と限界

だが、現実の社会では、白人警察官による黒人の射殺事件が後を絶たないことにも見られるように、アメリカ社会から黒人差別は決して消えてはいない。有能な黒人の活躍には一目置くが、それはあくまで例外扱いなのだとすれば、スポーツが成し遂げたのは人種の壁の完全撤廃ではなく、単なる選別の次元にとどまってしまっている可能性を排除できない。

序章で言及した中村敏雄には、「メンバーチェンジの思想」と題する論考がある。この中で中村は、アメリカ型競技のメンバーチェンジの思想が一方では勝利至上主義を体現しており、それは勝利のために選手を部品化・消耗品化する発想だという鋭い指摘をしている。筆者には、こうした懸念はアメリカのスポーツにおける人種の壁をめぐる問題にも通ずるように思える。ナチスとの対立の最中にオーエンズやルイスがたどった軌跡は、結果的には消耗品として勝利のために消費されていくアメリカ型競技の選手たちの運命と重なるからだ。

能力ある者に活躍の場を用意するというアメリカ型競技の理念は、アメリカ社会が人種の壁と向き合わざるを得ない状況を作り出すことに貢献した。しかし、勝利至上主義の一環でもある能力主義は、他方では能力のない者の排除を正当化し、有能な者さえ勝利のために使い捨てる非情な論理だともいえる。とすれば、黒人選手の登用が現実の社会での人種差別の解消とは切り離されてしまったとしても決して不思議ではない。スポーツと人種問題をめぐる歴史は、アメリカ型競技の能力主義が持つ民主化の可能性と限界の両方を映し出している。

第5章　女性解放とスポーツ

1　スポーツの近代化とアメリカにおける女性スポーツの位置

産業社会の女性像の二面性

スポーツの世界で、見方によっては黒人以上の差別と偏見にさらされてきたのは、女性たちであった。黒人の場合、アメリカ型競技の能力主義が人種隔離の論理とは根本的に矛盾していたため、スポーツが白人と黒人の垣根を撤廃する糸口になる可能性は十分あった。しかし女性の場合は、男性と一緒に競技することがそもそも想定されていなかった。そのため、女性競技が仮に認められるにしても、そこには男性の競技との上下関係が作られやすい。その上、女性のスポーツへの参加は、公衆の面前で女性の身体の露出度が上がるという側面もはらんでおり、服装や性道徳の規範に挑戦するという面を持っていたし、それが新たな搾取の契機ともなりかねなかった。スポーツを通じて女性が男性と対等な地位を獲得するためには、女性がスポーツに参加する権利を社会に認めさせ、女性の競技水準を見下す態度や女性スポーツを見世物扱いする風潮を打破しなくてはならなかったのだ。

しかし、産業社会への移行が、女性スポーツ発展の重要な起爆剤になったことも確かだった。それは、近代社会の女性像自体が矛盾をはらんでいたことに関係している。

近代社会の基本原理である諸領域の分割と専門化・分業化への志向は、産業社会における性的役割分担の強化にも波及した。産業社会が求めた理想の女性像は、家庭という領域を司る良妻賢母であった。家庭の外は男性の領域であり、そこは熾烈《しれつ》な競争社会であった。女性はそうした危険な世界から男性によって守られる存在とみなされ、闘争本能を持たず、控えめでつつましく、従順であるべきだとされた。同時に女性は、家庭を安らぎの場として保ち、疲れた男たちを癒し、高い道徳心で男たちを正しく導く存在であることも期待された。

近代産業社会の理想の女性像には、従属的地位に貶《おとし》めようとする発想と、崇めようとする姿勢が交錯していた。女性はか弱い存在であると同時に、頼りになる存在でもあった。こうした女性像に潜む矛盾は、産業社会における健康問題の浮上とともに新たな局面を迎えた。

産業社会の到来は、人々が軟弱になったのではないかという不安を巻き起こしたが、同時にこれは男性だけの問題なのかという問いも提起していた。だが、仮に女性にも適度な運動の場を用意するとしたら、それは必然的に家庭の外、つまり屋外に女性が出ていくことを奨励するのみならず、女性に強くなるよう促すことになる。健康問題の浮上は、産業社会の女性像が内包していた二面性の内、たくましい存在としての女性像により積極的な価値を与えざるを得ない状況を作り出したのだ。

女性に許されたスポーツ

ところが、健康増進を目的に女性に屋外で許されたのはごく限られた種目だった。代表的なものは、ゴルフ、テニス、自転車であった。ゴルフとテニスはいずれも一部の白人上流階級の競技で、あまり身体を露出する必要がなく、接触プレーもなかった。一方、規制と改革の時代には、自転車専用の走路も市街地にでき始めた。都市の美化運動や公衆衛生運動など、都市の生活環境の改善を目的とした運動も盛んになり、これらと連動する形で、健康増進と効率的な移動手段の両面から、都市生活者には自転車ブームが起こった。サイクリングは最も手近な運動体験の一つとなったが、やはり中産階級以上の女性に限られていた。

産業社会における健康不安は、女性一般へのスポーツの開放には必ずしも直結していなかった。女性の健康増進は重要だったが、激しいプレーによって女性の闘争本能が可視化されるのも、動きやすい服装で女性の身体の露出度が上がることも忌み嫌われた。

その点、バスケットボールが女性スポーツの新たな選択肢を提供したのは驚くにあたらない。当初の女子バスケットボールでは、コートを三つに分割し、選手はどこか特定のエリア内でしかプレーできないルールになっており、選手もロングスカートをはいてプレーしていた。それでも、ゴルフやテニスに比べれば接触プレーが要求されたし、サイクリングと違って仲間と得点を競う団体競技としての醍醐味《だいごみ》がそこにはあった。

とはいえ、全体としては、二〇世紀前半を通じて女性のスポーツへの参加が劇的に進むことはなかった。その一方で、スポーツをめぐって女性には別の役割が用意されつつあった。それは、競技に参加することではなく、応援することであった。

チアリーディングの誕生

元来チアリーディングは男子学生がアメリカンフットボールの試合で行っていたものだった。ところが第二次世界大戦後、大学のアメリカンフットボールの試合のハーフタイムに女子学生にチアリーディングをさせることで場を盛り上げ、観客の目を楽しませようとする趣向が盛んに取り入れられるようになる。こうして世界的にも珍しい、女性チアリーダー文化がアメリカに生まれた。現に、チアリーディングと最も関係の深い競技は、アメリカンフットボールとバスケットボールという、ともにアメリカ生まれの競技である（日本ではチアリーダーというと野球を連想するだろうが、アメリカでは野球とチアリーディングはあまり関係がない。ただし、これらがいずれもアメリカ生まれの競技だという事実は、チアリーディングとアメリカ型競技の密接な関係をあらためて物語っているように思える）。

女子学生がチアリーダーの役割を受け入れた背景にはいくつかの事情が重なっていた。まず、女性に許された競技が相変わらず限られていたため、女子の運動部がそもそも少なかったことがある。運動神経の良さを人前で披露したいなら、チアリーダーは檜舞台《ひのきぶたい》だったのだ。また、戦後の若い女性たちの間には結婚願望が非常に強かった。第二次世界大戦に若い男性が多数徴兵され帰らぬ人となっていたため、結婚適齢期の男女比がアンバランスになり、このままでは自分は結婚できないのではないかと心配する若い女性が増えたのだ。実際、一九五〇年代には女子大学生の三分の一程度が中途退学していたが、多くの場合それは結婚が理由だった。チアリーディングは男性の気を引くには格好の舞台であった。つまり、運動の得意な女子学生にとって、いわば自己実現と自己アピールの一石二鳥だったのである。

その後チアリーディングは、女子学生の花形として高校にも広がり、それに憧れて目指そうとする若年層や、娘をチアリーダーにしたいと思う親たちの関心も高まった結果、今ではチアリーディングはアメリカの大衆文化の一部となっている。全米で恐らく数百万人のチアリーダーが存在するといわれ、チアリーダーは名誉ある役割とみなされている。

しかしチアリーディングは、男性の競技の添え物として女性を組み込むことを制度化したともいえる。競技本体が男性的な闘争の世界であるのに対して、女性はセックスアピールを通して選手を応援し観客（とりわけ男性の）を満足させる役割を与えられた。現在では、チアリーディングを一つの競技とみなす傾向も強まってきたとはいえ、チアリーダー文化の存在は、アメリカにおける女性スポーツの発展のスピードの遅さのなせる業でもあった。だが、スポーツの近代化の流れから取り残されていた感のある女性スポーツをめぐる環境にも、着実に変化の波が押し寄せていた。

2　女性アスリートをめぐる環境の変化

アネット・ケラーマンと水着裁判

二〇世紀になっても女性に許された種目がまだ限られていた理由の一つは、服装の問題であった。それは、屋外で女性の身体の露出度が上がることへの根強い抵抗感という性道徳の次元と連動していた。だが、自転車ブームの到来は、こぎやすい服装の必要性を提起した。実際、サイクリングではブルーマーをはく女性たちも登場し始めた。そして、女性の服装とスポーツをめぐる問題は、意外な事件をきっかけに大きく事態が動き始める。

一九〇四年六月、ニューヨークを出航したジェネラル・スローカム号が間もなく火災を起

5－1　昔の水着　ブルーマーを利用した1900年頃のアメリカの女性用の水着。それ以前の水着よりは動きやすかったが、全身を覆うようなかさばるコスチュームは相変わらず水泳には不向きだった

こした。船をチャーターしたのはルター派の教会で、恒例のピクニックに向かう途中であった。一四〇〇人の乗客のほとんどが女性と子供だった。岸までは五〇メートルもなかったが、成人の女性と少女一〇〇〇人近くが死亡した。わずかな距離さえ泳げなかったのだ。

　水泳は、服装と性道徳の問題がネックとなって、アメリカの女性にとって最も縁遠い競技となっていた。実際、女性は水に入るチャンスがほとんどなく、動きやすく体にフィットする水着も開発されていなかった。その上、海水浴場で女性が男性に交じって肌を露出すれば、周りの男が発情しかねないと真剣に危惧されていたくらいだった。

　ジェネラル・スローカム号の悲劇をもってしても、女性に水泳を奨励するのはタブーのままであった。だが事件の三年後、これに挑戦する女性が登場する。オーストラリア出身の女性水泳選手、アネット・ケラーマン（一八八七〜一九七五）である。

幼児期にポリオにかかった彼女は、体を鍛えるために医師から水泳を勧められ、一六歳にして一〇〇メートルの世界記録を樹立した。その後は遠泳にも進出し、ドーバー海峡横断にも挑戦する。持ち前の美貌とスタイルを活かして、水泳のパフォーマンスもしていた彼女は、さらなる活躍の場を求めてアメリカにやってくる。そして、水泳をめぐってアメリカの女性たちが直面していた状況に一石を投じるべく、大胆な行動に出た。ボストン近郊の海水浴場で、両足を露出させたワンピースの水着を着用したのだ。風紀を乱したとして彼女は逮捕され、裁判にかけられた。

裁判で彼女は、アメリカの女性に海水浴の際に求められた、重くかさばるコスチュームでは、水泳などとうていできず、溺死する女性は永遠に減らないと訴えた。そして、妥協案として首からつま先までをワンピースで覆う方法を提示し、それに理解を示した判事は彼女に対する告発を却下した。彼女の最大の貢献は、単なる健康増進ではなく、女性が自らの身を守るために運動技能を向上させる権利という新たな観点を導入することで、服装と性道徳という、女性をスポーツから遠ざけていた障害物にメスを入れたことであろう。水着の改良は、女性とスポーツの新たな関係の始まりを物語っていた。

第二次世界大戦と女子プロ野球

アメリカ型競技がその発展過程で戦争との接点を築いてきたことから考えれば、戦争が女性とスポーツの関係にも新たな局面をもたらしたとしても決して不思議ではない。実際、第二次世界大戦は、女子プロ野球リーグを誕生させた。それまでの女性と野球との関わりを考えれば、画期的な出来事であった。と同時にそれは、女性のスポーツへの進出にとってもう一つのネックとなっていた、「女らしさ」をめぐる問題を顕在化させた。

それまで女性の野球選手がいなかったわけではない。一九世紀の末には女子大学などに女子野球チームが存在した。だが、野球は女性が堂々と競技できる種目にはならなかった。女性には危険だという感覚があったからだろう。だが、それは、野球を簡略化したソフトボールなら女性もプレー可能という意味でもあった。

野球よりも大きい球を使用するため、ソフトボールでは球が飛びにくく、一九世紀末にこの競技が登場した当初は屋内でプレーされたこともあったほどだった。ソフトボールという名称が一般化したのは一九二〇年代で、ルールが統一されたのも一九三〇年代と、すでに国技としての地位を確立していた野球に比べて後発で、ステイタスも低かった。それゆえ、女性チームの存在をあえて問題視するような動きもなかったのだ。現在でも、ソフトボールは女子の競技というイメージが強い。

ところが、第二次世界大戦でプロ野球選手も徴兵されるに及んで、大リーグ関係者の中にはリーグ存続の危機感を抱き始める人々が出てきた。そして一九四三年、シカゴ・カブスのオーナーだったフィリップ・リグレーは、大リーグが開催できなくなる事態に備え、女性選手によるプロ野球リーグ（All-American Girls Professional Baseball League、略称ＡＡＧＰＢＬ）を発足させた。

このリーグは一九五四年まで存続し、最盛期の一九四八年には一〇チームを数えた。チームのほとんどが中西部の中小都市を本拠としていたにもかかわらず、有料入場者数の総計は年間九〇万人を超えた。だが、この人気が純粋に競技水準から来たものかは疑わしい。

5－2　女子プロ野球のコスチューム
大リーグ同様、女子プロ野球の選手の場合も、ファン向けのカードが作られた。これは、ラシーヌ・ベルズに所属していた二塁手ソフィー・クリスのもの。この程度のスカート丈で選手はプレーしていたが、彼女は1946年のシーズンには201個の盗塁を決め盗塁王に輝き、守備機会成功率9割7分3厘を誇った

最終的にリーグには六〇〇人以上の女性選手が在籍したが、大部分が元ソフトボール選手だったこともあり、発足当初のルールはソフトボールに近かった。実際、ボールの大きさ、投手と打者との距離、塁間の距

離などはソフトボールと同じで、投手は下投げで投球していた。後にボールの大きさを小さくしたり、塁間を広げたり、上投げを解禁するなど、少しずつ野球に近くはなるが、明らかにそれは大リーグの野球とは似て非なるものであった。

にもかかわらず一定の人気を博したのは、セックスアピールによるところが大きい。ユニフォームは半袖のワンピースに腰の部分でベルトをしたもので、スカートの部分の丈は膝上一五センチくらいまでとやや短めだった。また、選手たちは美容師の指導も受け、口紅を常に携行した。髪を短くすることは許されず、喫煙や飲酒も禁止された。美しく清純な女性のイメージが大切にされたのだ。だがそれは、男性的な競技をプレーする女離れした存在という選手への偏見を払拭するのに必要な演出でもあった。

5－3　リベット工のロージー

もっとも、このユニフォームでプレーするのは、実際には大変だったようだ。ワンピースで、ストッキングも膝下までしかカバーされていない状態での守備やスライディングでは、足に生傷が絶えなかったらしい。機能性よりも明らかに容姿が優先されていたのだ。

女子プロ野球には見世物的要素が強く、一時的な代役として女性が利用された面も否めず、女性スポーツ史上の勝利とは言い難い。しかし、男の世界というイメージや女性には危険という感覚が強かった競技に女性も挑戦できると実証した意義は大きい。

第二次世界大戦では男性が数多く戦場に送られたため、軍需工場でも女性が力仕事の穴を埋めていた。現在でもアメリカでよく見かける「リベット工のロージー」のポスターは、男の仕事とされてきたものが戦時中に女性もこなせると証明されたことを象徴している。

第二次世界大戦は、対等とは言えないまでも男女の仕事の垣根を女性が越境する機会をも提供したのであり、それはスポーツの世界にも波及した。「女らしさ」が失われない限り、特定の競技から女性を締め出す理由がもはやないことを女子プロ野球リーグは証明してみせた。人種の壁に風穴を開けた野球という国技は、ここでも民主化を後押しする一定の役割を果たしたのだ。

オリンピックにおける共産圏とのメダル争い

だが、この「女らしさ」という要求基準はなかなか曲者である。これはその後の女性スポーツを悩まし続ける問題になっていくのだが、女子プロ野球リーグの消滅とほぼ時を同じくして、女性選手に「女らしさ」を要求すること自体を棚上げせざるを得ないような状況が出現する。国際情勢の変化でそれまで不遇だった人々に突如としてスポーツでの活躍の機会が巡ってくるのは、黒人アスリートの場合にも起こったことだが、それと同じことが女性たちの身の上にも起きたのだ。今度の原因は、冷戦構造の出現だった。

第二次世界大戦の結果、アメリカに対抗する共産主義陣営の盟主としての地位を固めたソビエト連邦は、一九五二年のヘルシンキオリンピックに初めて参加し、アメリカ（七六個）とほぼ同数（七一個）のメダルをいきなり獲得した。四年後のメルボルン大会では、金メダル数も総メダル数でもアメリカは一位ソ連の後塵を拝することになる。冷戦構造は、軍事技術の開発をはじめとして様々な分野での米ソの競争意識を加熱させたが、オリンピックは、それをスポーツの世界にも飛び火させたのだ。

アメリカにとって深刻だったのは、男子では目立った実力差がなかったものの、女子ではソ連のステート・アマに大きく水をあけられていたことだった。女子の競技水準の低さは、アメリカ社会の性差別の証拠としてソ連側の宣伝に利用されかねなかった。一九五〇年代は、ジムクロウを死守しようとする白人側の抵抗が続いていた。人種差別に加え女性蔑視というカードをソ連に握られれば、西側自由世界の盟主アメリカの威信はいっそう揺らぎかねなかったのだ。

当時はオリンピックの女子競技も限られていたが、陸上競技には、有望な黒人女性選手がいた。黒人女性選手がオリンピックで活躍できれば、黒人差別と女性蔑視の両方への批判をかわせる可能性があった。

こうしてベルリンオリンピックの時のジェシー・オーエンズと同じような、国家のプライドを保つ役割が黒人女性の陸上選手に対して求められた。それに応えたのがウィルマ・ルドルフであった。彼女は一六歳にして一九五六年のメルボルンオリンピックのメンバーに選ばれ、四〇〇メートルリレーで銅メダルの獲得に貢献した。そして四年後のローマオリンピックでは、一〇〇メートル、二〇〇メートル、四〇〇メートルリレーの三種目で金メダルを獲得した。一大会でアメリカ人女性が三つの金メダルを獲得したのはこれが初めてだった。

一九三二年のロサンジェルスオリンピックで八〇メートルハードルとやり投げで金メダルを獲得したベイブ・ディドリクソンを筆頭に、それまで女子陸上選手に対するイメージは決して芳しいものではなかった。筋骨隆々たる女性の姿は、世間一般が期待する女らしさとかけ離れていた。だが、国家の体面の問題は、女性スポーツを「女らしさ」と結びつける発想を脇に追いやり、女性アスリートの価値はあくまで能力で判断されねばならないという考え方を浮上させた。スポーツの能力主義は、ここでも差別と偏見に挑戦する武器となったのだ。

3 女性スポーツの定着

タイトルⅨと大学スポーツの改革

このように、二〇世紀半ばに至るまで女性のスポーツへの進出の歩みは全体的には停滞していたが、その原因の打破につながる重要な動きも随所に現れていた。冷戦がすぐには収束する気配を見せていなかった当時、国家の体面を保ちメダル争いから脱落しないためには、女性選手の育成をいっそう強化する必要があるのは明らかだった。

男子の場合、アマチュアもプロも、選手の重要な供給源は大学だった。そもそも近代スポーツは初期の発展段階から学校教育と結びついてきた。だが大学進学率が男子よりも低かった女子の場合、運動部を整備する姿勢は大学側には乏しかった。全米大学体育協会（NCAA）も、女子の競技には無関心だった。女子の競技水準の向上には、大学における女性スポーツのあり方を男子並みの状態に引き上げることが急務であった。

しかも、公民権運動が公立学校での人種隔離の撤廃を重要な争点に据えていたことから、公民権運動の成果が一九六〇年代以降に制度化されていく過程では、教育分野の改革が進められた。マイノリティに入学者の一定枠を振り向けるアファーマティブアクションはその一例だが、教育プログラムに多様性や平等なアクセスを担保することは次第に大学の重要課題になりつつあった。男子に比べ女子の運動部の種類が少ない状況は、明らかに改善する必要があった。実際、一九七一年には、各大学間の女子の試合を活性化させることを目的としたＡＩＡＷ（Association for Intercollegiate Athletics for Women）という組織も登場し、大学における女性スポーツの改革の気運は高まっていた。

こうした状況に決定的な影響を与えたのが、一九七二年の通称「改正教育法」だった。その第九条（タイトルⅨ）には、連邦政府の援助を受けている教育機関での性差別の禁止が盛り込まれていた。この法律は直接スポーツには言及していなかったが、この条文は、男子が入れる運動部と同じだけの選択肢が女子にも与えられなければならないと解釈されるようになっていく。これには、財源が減らされてしまうとして既存の男子競技から反対の声が上がるが、男女の機会均等を唱える女性解放運動からの積極的なロビー工作もあり、一九七〇年代になると大学の女性スポーツをめぐる環境は大きく様変わりしたのであった。

女性スポーツの競技レベルをめぐる論争とキング夫人

こうして大学における女子の競技環境に改善が見られたことは、スポーツの民主化と競技水準の向上の両方にとって喜ばしいことであった。しかし、依然として世間には女子の競技を見下す態度がはびこっていた。女性選手がプロになれた数少ない競技の一つだったテニスでさえ、男女の懸賞金の格差は歴然としていた。当時テニスは女性スポーツの花形で、国際大会も多く、世間の注目度も高かったが、賞金額にはまだ一〇倍近い差があった。

こうした待遇に女子テニス選手が改善を求め始めると、これを男女の賃金格差の問題の一環とみなした女性解放運動の側も支援し、女子選手の待遇改善が図られ始めた。すると、主催者側や男子選手の間からは、女子は競技水準が低いから賞金額も低くて当然だという声が上がった。その急先鋒がボビー・リッグスだった。

かつてウィンブルドンも制した彼は、すでに引退していたが、女子のトップ選手に勝てると豪語した。そこで彼は、一九七三年の母の日に、マーガレット・コートという当時の女子のトップ選手と対戦した。リッグスは五五歳、前年に出産した三〇歳のコートは、全豪オープンのシングルスで優勝し復活を果たしていた。結果は、六―二、六―一でリッグスが勝った。

現役の女子のトップ選手が引退した男子に完敗したのは、女性スポーツにとっても、女性解放運動にとっても、衝撃的だった。リッグスは、女子の競技水準など所詮この程度だと、もう一人のトップ選手を挑発した。ビリー・ジーン・キング、通称キング夫人（一九四三〜）である。彼女はすでに結婚していたが、子供は作らず、現役を続けていた。そうした彼

５－４　ボビー・リッグス（手前側）とキング夫人（向こう側）　1973年９月に行われた試合の様子

女の生き方は、結婚を機に仕事を辞めて専業主婦となる従来の女性とは一線を画すものであり、実力と知名度を兼ね備えた彼女は新しい女性の象徴的存在になっていた。リッグスとの対戦には、女性スポーツと女性解放運動の両方の命運がかかっていた。

実際、同じ年の九月にテキサス州ヒューストンのドーム球場アストロドームで行われたこの試合は、女子の試合としては史上最高の三万人の観衆を集めた。結果は、六―四、六―三、六―三でキングが勝った。その後キングは、女性スポーツ協会の設立に尽力し、大学の女子選手に対する財政的支援の拡充や、女性の競技環境の改善に力を注いだ。

オリンピックのヒロインたち

服装や性道徳をめぐる規範と戦い、女らしさを求める男性の視線を意識しながら、見世物覚悟で競技水準を体を張って証明せねばならなかった女性スポーツの軌跡は、決して平坦ではなかった。だが、国際情勢や大学改革といった外的要因を味方につけながら、女性スポーツは女性の自己実現の場を広げてきた。キング夫人のようなロールモデルとなる女子選手の登場は、スポーツがアメリカ社会の変革に寄与してきたことをあらためて印象づける。

とはいえ、その後アメリカが世界の女性スポーツをリードしてきたのかについては意見が分かれるだろう。恐らく近年の女性スポーツのあり方に最も大きな影響を与えたのは、一九八〇年代に国際オリンピック委員会（IOC）が決定した方針転換であろう。IOCは、新しい競技をオリンピックに取り入れる場合、それが男子と女子の両方の種目を含むことを条件とした。実際、この決定の効果は、既存の競技を女子にも開放する流れを作り出した。

現に一九八〇年代以降アメリカのスポーツ界を彩った著名な女性選手の多くは、フローレンス・ジョイナー（陸上競技）、ミシェル・クアン、クリスティ・ヤマグチ（フィギュアスケート）、ミア・ハム（サッカー）などオリンピックで活躍した選手である。ミア・ハム以外の三人が黒人やアジア系といったマイノリティの女性である事実を想起する時、一部の白人上流階級の競技しか女性には許されなかった時代とは隔世の感があるのも確かだ。

だが、国際試合が必ずしもローカルルールに引導を渡すとは限らないというジェシー・オーエンズの教訓も忘れてはならない。また、アメリカ型競技の能力主義にも限界がある。女性競技に女らしさを求める風潮も根絶されたとは言い難い。国際化の外圧に頼らず、女性のスポーツ環境をめぐるアメリカの自己改革の歩みを止めないことが肝要なのである。

第6章　地域の公共財としてのスポーツ

1　アメリカの町作りと文化事業

地域の基本単位としての個性的な都市圏

競技へのアクセスやメンバーシップの拡大という観点からスポーツの民主化を考える時、アメリカにおいてスポーツは、人種の壁の打破を先導し、性差別撤廃のための舞台を提供してきたといえる。加えてアメリカは、選手のためだけではなく、地域住民のために共有財産化することで、スポーツを人為的集団統合の舞台に活用してきた。どのような経緯からアメリカではスポーツが地域社会の公共財となったのかを理解するには、アメリカの町作りや、地域社会の文化事業の特色にまず目を向ける必要がある。

アメリカでは地域の基本単位は都市圏である。建国以来、独立時の一三州以外の新たに獲得された領土では、人口が一定に達しないと準州から州へ昇格できなかった。準州は、現在の複数の州が入るほどの広さの場合もあり、実際には人口が増えた地域から順番に州へ格上げし、結果的に準州が複数の州に分割されることもあった。つまり、州という単位は、結果的に成立した地域概念であって、新たな州を作り出すには、一定の人口を擁する都市圏の出現が不可欠だったのだ。換言すれば、アメリカでは都市が州に先行するという事態が生じていたのである。アメリカにおける都市の存在感の大きさは、現在でもアメリカの新聞が基本的には都市単位で発行される地方紙だという事実にも痕跡を止めている。

アメリカの都市圏の発展過程では、都市圏ごとに異なる特色が打ち出される傾向が強かった。あらゆる点でその地方の中心都市であるような都市は比較的珍しく、むしろ政治都市、商業都市、文教都市といった具合に、都市ごとに機能が分散されていることが多い。絶対王政という巨大な権力を否定して出発したアメリカでは、権力が一ヵ所に集中するのを嫌う傾向が強く、合衆国憲法に盛り込まれた三権分立の発想に呼応するかのように、都市の形成過程でも都市ごとに機能を分化させようとする発想がはたらいた。同時にそれは、都市圏ごとの独自の帰属意識や風土、都市圏間同士の対抗意識などを育む端緒ともなっていった。

都市の文化事業の担い手たち

都市圏ごとの一体感や自尊心を高めるためには様々な文化事業への投資が必要だったが、

当初たいていの場合、政府の援助は期待できず、人々の支持も得にくかった。

アメリカでは、州政府よりも後になって連邦政府が作られた経緯がある。独立戦争最中の一七七七年の連合規約（発効は一七八一年）によって設置された、後の連邦政府の前身となる連合会議は、外交や防衛など対外的な任務が中心で、徴税権も司法権もなく、内政は州政府の管轄だった。合衆国憲法の制定によって連邦政府の機能は強化されたが、連邦政府の権力が肥大化することに対する嫌悪感は一九世紀になっても消えなかった。その上、一九世紀前半一杯、奴隷制度をめぐる南北対立が続き、連邦政府に文化事業を行う十分な余裕はなかった。

一方、州政府をはじめとする地方自治体にとっても、文化事業への支出はためらわれた。アメリカの文化的独立への希求は存在したが、後発の自分たちはヨーロッパの文化的伝統に太刀打ちできるはずがないと考える人が多かった。それゆえ、効果が未知数の文化事業よりも、生活に直結するインフラ整備に公金を投入する方を住民は望んでいた。

このようにアメリカの都市圏では、文化事業は後回しにされてきた。ところが南北戦争後に産業社会へ移行すると、巨大企業の経営者をはじめ、ビジネスエリートの中に莫大な富を蓄積する者が登場する。自分でも使い切れないほどの富を蓄えてしまった人々は、自身への批判をかわす意味でも、有効な使途を考え始めた。世界一の工業国になったとはいえ、文化的に誇れるものはまだアメリカにはなかった。しかも、連邦政府も地方自治体も、文化事業のスポンサーとしての役割を果たしてはいなかった。そこで億万長者たちは、文化事業のスポンサーとなって、町の歴史に名を残す道を積極的に模索し始めたのである。

産業社会の出現と民間活力による文化的公共財の整備

産業資本家の手で文化的公共財が整備されていった代表的な都市は、シカゴである。西部開拓とともに一九世紀後半に物資の集散地や交通の要衝として急速に発展したシカゴは、中西部随一の工業都市となっていたが、東海岸の都市に比べて後発で、文化的に不毛だと見下されていた。折しも一八七一年には大火が発生し、市街地の中心部が消失する悲劇も起き、復興してシカゴのステイタスを上げるために、文化的な公共財の整備が急務となった。そこでシカゴの財界の大物たちは、私財を投じて一八九〇年代にかけてシカゴの文化事業を矢継ぎ早に展開していった。シカゴ美術館やシカゴ交響楽団など、今日でも世界的に有名な文化機関の設立や、シカゴ万博の開催、シカゴ大学の創設などである。現に一九一〇年代にかけてシカゴは、シカゴ・ルネサンスと呼ばれる新たな芸術運動の拠点となる。

加えてシカゴでは、より庶民的な娯楽のための公共財の整備も行われた。そして、それは折からの規制と改革の時代とともに骨格を整えつつあったアメリカ型競技にも及んだ。だが、

6－1　リグレー・フィールド　1914年にシカゴに建設され、大リーグでは二番目に古い球場であるリグレー・フィールド。レンガ造りのフェンスにはツタが絡まり、手動で操作するスコアボードも昔ながらの雰囲気を今に伝えている

プロ野球の経営はまだ不安定で、チームの移動や消滅も珍しくなかった。そこでシカゴでは、プロ野球チームが定着できるよう、民間の手で一九一四年にスタジアムが建設された。後にリグレー・フィールドと呼ばれ、大リーグのカブスの本拠地となるこの球場は、現存する大リーグの球場の中では二番目に古い。

こうした経緯は、都市の文化的公共財の整備の一環としてスポーツチームの誘致が町ごとに行われ始めたことを物語っている。美術館やオーケストラと並んで、スポーツチームは町の誇りとして、市民の帰属意識を高める文化的公共財としての道を歩み始めたのである。

2　スポーツを通じての地域の活性化

プロスポーツのフランチャイズ制度

スポーツを町の文化的公共財として活用するという方法は、資金が必ずしも潤沢ではない地方都市でも十分実現性があった。そして、こうした実情に見合う運営方式をプロスポーツリーグの側も採用した。それがフランチャイズ制度である。

アメリカのプロスポーツでは、通常、同一リーグには同一都市を本拠とするチームを置かず、チームにはその都市圏での独占的地位が与えられ、地元のチームとしての地位を保証される。地元の観客から安定的に収入が得られ、各チームの収入源となるエリアが重ならないため、リーグ内の各チームは共存共栄できるわけだ。だがそれには、地元住民に自分の町のチームだという愛着を感じてもらわなくてはならない。そこでフランチャイズ制度の下では、チーム名にスポンサー企業の名前はつけず、あくまでも都市名や地域名をつけるのだ。

娯楽が少なく資金力を欠いていた地方都市にも、スポーツビジネスにとっても、フランチャイズ制度は好都合であった。日本のプロスポーツにはスポンサー企業の広告媒体としての性格がまだあり、首都圏に偏っている感があるが、アメリカのプロスポーツは地域住民のためのものであり、むしろ地方都市に分散されているのだ。同時にこうした制度は、どこか特定のチームの繁栄よりもリーグとしての共存共栄が最優先であることを示している。互いの戦力が拮抗して試合が白熱する方が、各地で集客力が高まるからだ。サラリー・キャップ制度（チームごとの所属選手の年俸総額の制限）やウェーバー方式（前年度の下位のチームから順に翌年度の新人選手のドラフト指名権を与える）は、こうした戦力の均衡という理念を支える意味を持つ。

こうしてプロスポーツは、地方都市のシンボルとなる地域住民のための文化的公共財として導入されていった。各都市が独自の個性を模索してきた歴史を持つアメリカにおいて、フランチャイズ制度に基づくプロスポーツチームの存在は、地域の一体感と帰属意識を補強しつつ、その町ならではのアイデンティティの構築に寄与している。実際、アメリカで街中を歩いていると、地元チームのロゴTシャツや帽子を普段から身に着けている人を、老若男女問わずよく見かける。

大学町の年中行事としての大学スポーツ

スポーツチームを地域の公共財化し、スポーツ観戦という文化を共同体の活性化につなげるという発想は、アマチュアスポーツでも見られた。その典型的な例が大学町である。産業社会の成立以来、大学はアメリカのスポーツの重要な拠点であった。

アメリカの大学の多くは、地方都市にある。ハーバードやコロンビアのような都会の大学はむしろ例外で、地方には大学を核とした中小都市が少なくない。そうした地方都市では、住民の中に大学関係で生計を立てている人も多いので、地元の大学に対する愛着が強い。アメリカの大学スポーツの試合の多くは、中立的な場所ではなく、対戦校のいずれかの施設で行われる。そのため、こうした大学町では、大学スポーツの試合観戦が次第に町の年中行事となり、大学関係者はもとより地域住民がこぞって応援に出かけるようになった。

現に、アメリカの大学町には、町の人口に不釣り合いな巨大な競技場が存在する。例えばミシガン州アナーバーのミシガン大学のフットボール競技場は、東京の国立競技場を上回る、町の人口とほぼ同じ一〇万人を収容できる。大学スポーツは、娯楽の少ない地方都市の住民たち

6－2　ミシガン大学のフットボール場　ザ・ビッグ・ハウスの異名を持つ、ミシガン州アナーバーにあるミシガン大学のフットボール競技場。収容観客人数は公称10万7601人だが、それを上回る観客を収容したこともあるという

に一体感を作り出す文化装置として機能している。

ダウンタウンの再生とスタジアム建設

プロスポーツや大学スポーツが、「観戦するスポーツ」としてアメリカで発展したのは、スポーツが文化的公共財として町作りに活用されてきたためであった。それは、スポーツの民主化が観客をも巻き込み、スポーツ観戦が都市内部の人為的集団統合を後押ししてきたことを物語っている。スポーツが都市の変革の起爆剤となる様子は、アメリカの都市が危機に瀕した二〇世紀後半以降にも見ることができる。

第二次世界大戦後に本格的な自動車社会が到来すると、多くのアメリカの都市で二極化が起こった。中産階級以上が、都市内部の犯罪の多さや環境の悪化を嫌って、自動車で通勤できる新興の郊外住宅地へと転出した一方、都市の中心部には自動車を持てない貧困層が取り残され、スラム化していった。商業施設も購買力のある住民が多く住む郊外へと流出し、スタジアムの多くも広大な駐車場が確保できる都市の周辺部へと移転した。

ところが一九七〇年代の二度のオイルショックを契機に、自動車社会への疑問が呈されるようになった。自動車社会は、環境に負荷をかけるだけでなく、かつては人々の集まる場所だった都市の中心部を衰退させた。都市は、住民同士の物理的断絶を抱え込む一方、住民全体のシンボルとなるような空間を見失いつつあった。

その結果、一九八〇年代以降、アメリカの都市ではダウンタウンを再開発し、人の流れを町の中心部に呼び戻そうとする動きが盛んになってくる。その際、商業施設の誘致や新しい交通システムの整備、中心部からの車の締め出しなどとともによくとられる手法が、都市中心部での文化施設の建設である。美術館や博物館と並んで、スポーツ施設が再び都市の中心部にお目見えするようになってきているのだ。大リーグのコロラド・ロッキーズの本拠地であるデンバーのクアーズ・フィールド（一九九五）やサンフランシスコ・ジャイアンツのAT&Tパーク（二〇〇〇）などはその代表例だ。都市の中心部を再活性化し、住民の一体感と町のシンボルを再構築するために、スポーツイベントを活用しようというのである。

こうした路線は一定の成果を上げている。町の中心部に魅力的な施設やイベント会場が復活することで、新たな人の流れが空洞化していた都市の中心部へと戻り始め、治安の改善や帰属意識が高まる心理的効果のみならず、様々な経済効果も生み出されている。スポーツは、ここでも都市の変革に貢献しつつあるのである。

祝祭としてのスポーツイベント

アメリカのスポーツが体現している町作りとの近接性は、一方では中世の祝祭フットボールを連想させる。試合を地域住民が心待ちにし、選手と一緒に楽しむという状況は、祝祭フットボール的な地域ぐるみの行事へと近代スポーツが再接近している姿を映し出している。中世を経験しなかったアメリカは、産業社会の基本原理を色濃く反映した種目を生み出したが、そのアメリカにおけるスポーツの発展過程は、スポーツの近代化の過程でそぎ落とされていった中世的要素を再統合しようとしているようにも見えるのだ。

現に、アメリカのスポーツには祝祭的要素が付随していることがある。例えば、アメリカンフットボールの試合では、競技場の外の駐車場などのスペースを使って、試合前からテイルゲイト・パーティーという、ファン同士の交流イベントが開かれる。テイルゲイトとは自動車の最後部のドアのことで、そこから持参した調理器具を取り出し、隣近所に駐車した人たちとバーベキューをしながらお祭り気分で試合前のひと時をすごすのである。また、大学フットボールの試合ではハーフタイムショウが開かれ、マーチングバンドやチアリーダーたちの華やかなステージがフィールド全体を使って開催される。スーパーボウルのハーフタイムショウでは、一流アーティストによる趣向を凝らしたコンサートも行われる。

また、試合とお祭り的要素の結びつきが顕著な、ロデオという競技もある。ロデオの起源は、カウボーイたちが投げ縄などの技術を余興として競い合ったことにあり、アメリカ西部で特に盛んである。暴れ馬にどれだけ長く乗っていられるかや、どれだけ素早く子牛を縄でつかまえられるかなどを競う。独立したイベントとして開催されることもあるが、ステート・フェア（ほとんどの州で年に一度開かれる、物産見本市を中心とする催しもの）などの地域のお祭りの一環としてロデオ大会が開催されることが多い。

アメリカにおけるスポーツと地域社会との接近は、近代スポーツが祝祭的要素を再び帯びつつあることを暗示する。そして、スポーツを媒介に、非日常的な共通体験を通して共同体の紐帯《ちゅうたい》を育むという考え方は、従来の競技のあり方にとらわれない発想で、新たなスポーツをアメリカに根づかせていくことにもなった。

3　共同体の紐帯の強化と競技の多様化

ボウリングリーグ

地元チームを地域住民がこぞって応援するという構図をもう一歩進めて、普通の市民同士が観客としてではなく選手としてスポーツに参加し、共同体内部の人間関係を強化しようとするユニークな試みも行われた。誰でも参加しやすいようにするためには、当然競技の難度を下げる必要がある。これに最も向いていた競技の一つは、ボウリングだった。

ボウリングは長らくイギリスで屋外の競技として行われていたが、一九世紀のアメリカにはすでに屋内ボウリング場が登場していた。ピンをリセットする機械が戦後完全自動化されると、ボウリング人気は一気に高まり、一九五〇年代から七〇年代にかけて、アメリカ各地でボウリングリーグが組織された。市民が地元のボウリングリーグに登録すると、試合の場所と日時が通知される。当日そこには見ず知らずの会員が集められ、団体リーグ戦を行う。試合が終われば初対面で一緒に戦った人たちと打ち上げをする、という具合だ。特定のチーム同士の勝敗を競うのもさることながら、ボウリングを楽しみながら友達を増やす場を提供していたのがボウリングリーグだった。最盛期には、アメリカの男性の八%、女性の五%がボウリングリーグに入っていた(一九七〇年代に日本でも放送されたアメリカの人気ドラマ『刑事コロンボ』でも、コロンボが「うちのカミさんは、今日はボウリングクラブの集まりがありまして」と言い訳する場面が出てくる)。

ロバート・パットナムの『孤独なボウリング』は、ソーシャル・キャピタルという概念を用いて、現代アメリカ市民社会の衰退を論じた著作として有名だ。パットナムは、かつてアメリカではボウリングリーグが市民社会の人間関係資本の増強に大きな役割を果たしていたのに、現在では一人でボウリングをしている人たちが少なくないとして、これを現代アメリカ市民社会における人間関係の希薄化の象徴的な現象と捉えている。

確かに現在では、ボウリングも、ボウリングリーグも以前ほどの勢いはない。だが、かつてのボウリングリーグは、より多くの人がアクセスしやすい敷居の低い競技を新たに普及させ、普段知り合う機会もなかった人たちの間に人間関係を築く装置として機能していた。

新しい競技を生み出す創造力

ボウリングリーグは、スポーツの民主化と共同体内部の人為的集団統合の両方を同時に推し進めようとする時、そこに新たな競技が普及していく可能性を示している。アメリカではスポーツを地域の公共財と考える傾向が強いが、それはスポーツを共有財産化し、アクセスを民主化するだけでなく、競技そのものを多様化する原動力にもなっているのだ。

競技の多様化が表れた一つは競技空間であった。スタジアムや体育館といった従来の競技場とは異なる場所を活用しようという発想が典型的に表れているのは、いわゆるエクストリーム・スポーツである。これらの中には路上や自然そのものを競技の舞台として新たに活用しようとする発想が顕著に見られる。だが、こうした競技の開催には、競技会場の設営や運営をめぐって、地元住民の協力も欠かせない。ここでもスポーツの民主化は、地域住民を巻き込みながら競技を多様化しているのだ。

競技の多様化が及んだもう一つの領域は、人と機械をめぐる関係だ。機械をスポーツに活用すれば、新たな競技を生み出せる可能性も、それまでスポーツを楽しめなかった人がスポーツを楽しめる可能性も広がる。アメリカにおける自動車競技や障害者スポーツの普及は、こうした文脈に位置しているといえるだろう。

アメリカではNASCAR（National Association for Stock Car Auto Racing）と呼ばれる自動車レースが盛んだが、そこで使用されてきたのはいわゆるスポーツカーではなく、市販車の改造車（ストックカー）である。特別な装備のない車両で運転技術を競うというコンセプトの起源は、禁酒法時代にアパラチア山脈周辺のアメリカ南東部で、警察の追撃をかわすために密造酒の運び屋たちが山道を猛スピードで走破していた「ムーンシャイニング」にあるとされる。特別な訓練を受けたわけではない人たちが、ごくありふれた機械に創意工夫を施して日常生活の中で行っていたことを、競技にしてしまったのである。NASCARは、現在では四大プロスポーツに次いでアメリカで人気の高い観戦競技となっている。

民主主義と共同体を架橋するアスリート

そもそもアメリカ型競技は、産業社会の再出発に託された、民主主義を深化させようとする改革精神を呼吸していた。スポーツを一部の人間だけに独占させてはならないという発想は、スポーツを人種の壁や性差別への挑戦の舞台にしただけでなく、地域住民の共有財産としての文化的公共財という地位をスポーツに与えた。その結果、地域がスポーツを支え、スポーツが地域の変革を後押しする構図が出来上がった。一方でそれは、より多くの人々がスポーツにアクセスできることを奨励し、競技の多様化によってスポーツ人口を拡大しながら、より多くの人々に自己実現の場や共同体との接点を提供してきた。

アメリカでは、アスリートはいわば民主主義と共同体を媒介する存在であり、単なる勝敗以上のものに関わっているという強い自覚が求められる。アスリートによる福祉活動やコミュニティ活動が盛んなのも、地域貢献への期待に応えるためだ。障害を持つ子供たちへの慰問や、難病研究への寄付などを通じて、社会のロールモデルとなることが期待されているアスリートは、地域の英雄であると同時に、人為的集団統合の先頭に立って、スポーツの恩恵が届きにくい人たちにも自ら手を差し延べるべき立場にあるのだ。

アメリカでアスリートに高い社会的地位が与えられているのは、地域社会と密接な関係にあるスポーツという公共財に携わっているからであり、民主主義と人為的集団統合を深化させる重要な任務を担っているからだといっても過言ではない。スポーツと社会変革との関わりは、アメリカのアスリート像にも表れている。と同時にそれは、スポーツと地域社会を再接合するという、スポーツの近代化がそぎ落としてきた中世の記憶へと、中世を知らないこの国が再接近していることをも示しているのである。

第Ⅲ部　スポーツビジネスの功罪

アメリカのスポーツは、デモクラシーの発現する場となってきた。不当な差別を是正し、多様な人々を共同体に参画させる機能をスポーツが担うことで、この国のスポーツ文化、民主主義、共同体の連関は強化された。とはいえ、資本主義と民主主義を両立させようとする規制と改革の時代の精神がアメリカ型競技の根底に流れている以上、民主主義に勝るとも劣らぬほど資本主義にもアメリカのスポーツは関与しようとしてきたはずだ。

実際、アメリカのスポーツは、公共財であると同時に、ビジネスでもある。これら二つのバランスこそ、スポーツビジネスの最大の課題といえる。だが、そもそもアメリカにおいてスポーツはいかにしてビジネスになったのだろうか。そこには、アマチュアリズムとアメリカの文化的独立をめぐる物語があった。と同時にそれは、「観戦するスポーツ」が人為的集団統合という目標を見失い、金ぴか時代的状況へと逆戻りするリスクをはらんでいた。

第7章　資本主義下のスポーツ倫理

1　アマチュアリズムとプロスポーツ

スポーツの微妙な位置

スポーツはビジネスにもなり得るが、すべてのスポーツがビジネスとなるわけではない。この単純な事実は、スポーツというものの正体が見かけほど自明ではないことを物語っている。この点を考える上で示唆的なのは、西山哲郎の『近代スポーツ文化とはなにか』である。西山の議論は多岐にわたり、難解な部分もあるが、一貫して彼の関心は近代社会の中に占めているスポーツというものの微妙な位置に対して向けられているといえよう。

例えば西山は、遊びや仕事とスポーツはどう違うのか、また、体育とスポーツはどう違うのかといった問いを提示する。スポーツは遊びほどいい加減にやるものではなく、一定の真剣さや競争心を要求するが、それは仕事に求められるような意気込みとはどう違うのか。はたまた体育として半ば強制される運動はスポーツなのだろうか。こうした論点は、近代スポーツの定位置の捉え難さを暗示する。

とすれば、スポーツにプロの地位やビジネスという居場所を保証する発想とはいかなるものか。これを探るには、「プロ」の対概念としての「アマチュア」がどのようにして誕生したのか、近代スポーツの発祥地イギリスへと話を戻さなくてはならない。

アマチュアリズムの起源

スポーツの醍醐味は、経済的利益には換算できない達成感や充実感、夢や感動といったものにあるはずだと考える人は少なくないだろう。伝統的なスポーツ観とされるものは、勝利や栄誉という崇高な価値を重んじ、スポーツが金まみれになることを好ましく思わないアマチュアリズムの立場であろう。だが実際にはこれは、普遍的な概念というよりは、歴史的に特殊な状況下で成立したといえる。それは、一九世紀のイギリスにおいてであった。

当時のイギリスではフットボールの近代化が進み、上流階級の競技としてのラグビーと労働者階級の競技としてのサッカーに分化していった。上流階級は、スポーツで生計を立てる必要はなく、あくまで余暇として楽しんでいた。一方、労働者階級の中からは、サッカーをして金銭的報酬を得られるなら、それを職業にしたいと考える者が現れ、一八八〇年代にはプロのサッカーリーグが結成された。こうしたプロ選手を卑しい存在とみなし、激しい抵抗感を感じた上流階級は、自分たちのスポーツ観こそが王道であるとして、労働者階級のプロスポーツの地位を低く貶めようと画策した。

この過程で登場したのが、アマチュアリズムの考え方である。上流階級の人々は、テニスやゴルフなど労働者階級に普及していなかった競技にクラブという閉鎖的組織形態を持ち込み、スポーツを通じて金銭を受け取ったことのない人間のみ会員にした。これらの競技に労働者階級がアクセスできないようにするとともに、スポーツは本来お金に困っている人がやるものではなく、プロスポーツは邪道であるという上下関係を構築しようとしたのである。

アマチュアリズムの倫理的優位を見せつけようとする発想は、ラグビーにも反映されている。サッカーでは試合終了のことはタイムアップというが、ラグビーではノーサイドという。ラグビーをしているのは、敵味方の区別を試合終了とともに封印できる高潔な人格者なのだという暗示がそこにはある。報酬目的で行われるプロスポーツと、金銭を超えた価値を重んじる上流階級のアマチュアスポーツとは精神的深さが決定的に違うのであり、スポーツで報酬を得るなど恥ずべきことだと蔑む態度がそこには流れていたのである。

アマチュアリズムの変容

スポーツは賭け事の対象とされてきた歴史を持つ。選手が金銭的報酬を得る「プロ」の登場は、決して不自然ではなかった。その点、スポーツと金を分離するアマチュアリズムは、諸領域を分割し、その純粋性を高めようとした近代産業社会の基本的な方向性と一致する。とすれば、イギリスの近代スポーツ以上に産業社会の基本原理と親和性の高い競技を新たに生み出したアメリカでは、アマチュアリズムの精神が強力に支持されてもよさそうなものである。だが、そうはならなかった。

一九世紀後半のアメリカにおいて、スポーツの重要な拠点は大学であった。そこには資産家の子弟が確かに多く、ゴルフのカントリークラブのような排他的組織もアメリカには作られていた。だがアメリカでは、大学やエリート層以外からも国民的競技が生まれた。大学が拠点であったアメリカンフットボールを除けば、南北戦争を契機に広まった野球も、YMCAが発明したバスケットボールも、様々な階層の人々がアクセス可能だった。

その結果、アメリカ型競技をめぐっては、プロ化の動きをアマチュアリズムの立場から糾弾する風潮はほとんど見られなかった。貴族的な有閑階級の論理であるイギリスのアマチュアリズムは階級社会の産物であり、より平等な社会を理想としたアメリカの文化的独立を達成するには、むしろ打破すべきものであった。その上、体力低下への懸念や健康不安が渦巻いていた産業社会において、運動を職業とするプロスポーツ選手は、むしろ人々の模範となりうる、肯定的イメージさえ持ちえた。

だが、大学という教育の場が商業主義で汚染されるのは、さすがにためらわれた。それゆえ、アメリカの大学スポーツは、プロスポーツを容認する社会とも、イギリスの上流階級的アマチュアリズムとも一線を画すという、難しい舵取りを迫られたのであった。

2 大学スポーツのセミプロ化

NCAAの創設

アメリカの大学でスポーツの近代化が始まった当初、各大学は独自の道を歩んでいた。実際、フットボールのルールは大学ごとに違い、大学スポーツ全体を統括する組織もなかった。大学スポーツは、当初は学生自身の手で運営されていたのだ。

ところが、一方ではこれは深刻な問題もはらんでいた。それは、学生が運営する試合の審判の権威の問題だった。判定でもめると、審判団がコイントスで決めることもあった。学生主催のフットボールの粗暴性が制御できなかった背景には、競技自体の肉弾戦的要素に加え、審判団によるゲームコントロールの不備も関わっていた。

セオドア・ローズベルト大統領の介入によって、この競技の粗暴性を防止するためのルール改正が行われ、アメリカンフットボールは存続の危機を乗り越えた。ルール改正の検討会議は、一九一〇年に全米大学体育協会（NCAA）へと改称する。

ルールを統一し対外試合を統括する組織となったNCAAが、アメリカの大学スポーツの近代化を加速したのは確かだ。だが一方ではそれは、スポーツをめぐる学生の自治権を廃止し、大学当局の連合組織が対外試合を管理する時代の到来を告げた。確かに、試合の秩序は以前よりも保たれるようにはなった。だが、大学スポーツが大学町の年中行事化し、大学にも地域社会にも経済効果をもたらすことが次第に明らかになると、NCAAは大学スポーツの利権管理団体としての性格を持ち始めた。

形骸化するアマチュアリズムと広告塔としての大学スポーツ

大学スポーツの対外的な窓口となったNCAAは、利権をコントロールし、各大学を監督することで、大学スポーツのセミプロ化を抑止することが期待された。

一方、各大学は、収益が期待できる一部の人気競技を集中的に強化していった。そのため、高校生に対する執拗な勧誘、他大学からの選手の引き抜き、スポーツ選手への奨学金のばらまきなど、手段を選ばぬチーム強化が過熱するようになった。文武両道は保たれているという体面を繕うために、大学側は選手に密かに家庭教師をつけたりした（しかも費用を大学が負担する場合もあった）。だが、こうした処置自体が、選手が他の学生より厚遇されている動かぬ証拠だった。大学スポーツのセミプロ化は教育現場の秩序を脅かしかねなかったが、数百もの大学を徹底的に監視するのは事実上不可能だった。ＮＣＡＡは大学スポーツの運営に関する統一基準を整備したものの、事態の悪化を未然には防げず、目に余る事件が発覚してから制裁を科すしかなかった。

大学間で一度チーム強化の競争が始まってしまうと、各大学はそれに乗り遅れまいとする。宮田由紀夫が指摘するように、人気競技の放映権料やグッズの販売収益といえども、実際には大学予算全体から見ればごくわずかであり、大学の運動部全体の資金を賄うのも難しいが、競争に勝ち残れれば大学の知名度アップに伴う志願者数の増加が期待できる。それゆえ、大学のアメリカンフットボール部では、監督をプロから招くことも珍しくない。名物監督の報酬は、大学教授の数倍に及ぶ。もっとも、監督も大変なプレッシャーだ。メンバーが常に入れ替わる状況で、安定した成績を残さなくてはならないからだ。

大学も経営を度外視できないから、スポーツを広告塔にしたくなるのも無理はない。しかし、それは文武両道を形骸化させ、大学スポーツをセミプロ化する。その様子は、選手が淘汰されていく過程にも表れている。けがなどで活躍が期待できなくなった選手は、奨学金をカットされ、今度は掌を返したように冷遇される。まさに勝利至上主義や能力主義が選手を使い捨てていくのと同じだ。実際、能力主義は、アマチュアリズムよりもプロの精神と相性がよい。能力主義は、不当な差別の是正に貢献した一方では、アメリカのスポーツからアマチュアリズムを追い出す手助けをもしているのだ。

イギリスのアマチュアリズムは、階級差別的で、プロを蔑視し、能力主義を否定する要素を持っていた。ヨーロッパ的階級社会を嫌悪し、文化的独立を目指していたアメリカが、スポーツの民主化の過程でアマチュアリズムと一線を画そうとしたのは当然のことであった。だが、アメリカの大学スポーツがプロスポーツ同様に地域社会に根づき、そこに利権が生まれたことは、勝利至上主義や能力主義をより先鋭化させ、オールプロ化という流れを強化した。大学がアマチュアリズムの最後の砦となり切れなかったことは、スポーツという公共財のビジネス化に歯止めがきかなくなるリスクをはらんでいた。

3　スポーツビジネスの発展と課題

経営努力

大学スポーツのセミプロ化は、プロスポーツへの人材供給を安定させた。だが、プロスポーツの繁栄は、スポーツビジネス自身の経営努力による部分も大きい。早くからフランチャイズ制度を導入したアメリカのプロスポーツは、企業としてさらに進化し続けている。

第一にアメリカのプロスポーツは、顧客の満足度を上げる努力を払ってきた。フランチャイズ制の下では、その地域での独占的地位が保証されるので、経営努力が緩みかねないところだが、安定した経営には地元住民がリピーターとなってくれることが欠かせない。そのためには、また観たいとファンに思わせる工夫が大いに必要なのだ。顧客の満足度を上げる一番の方法は、当然ながら試合という商品の質を向上させることであるのは言うまでもない。しかし、それ以外にも、例えばスタジアムの設備のようなハード面の更新、選手との交流イベントなどのソフト面の拡充、最近ではインターネットサイトなどのメディア面の充実といった各種のファンサービスが工夫されてきた。ダウンタウンの再開発にスポーツ施設が利用されたのも、プロスポーツの設備投資意欲と地域社会の思惑が合致したからなのだ。

もう一つは、経営資源の多角化だ。入場料収入の他に、放映権料、関連商品の独自販売やライセンスの付与、飲食施設の経営、パートナー企業の開拓などを通して、ビジネスチャンスを拡大し、経営体質を強化しているのだ。スタジアムの多目的利用によって稼働率を上げる努力も、収益増加と地域住民の競技場への愛着を高める効果をもたらしている。

また、リーグのガバナンスとチームの経営権の裁量の関係が競技によって若干異なるため一般化するのは難しいが、最もリーグのガバナンスが強いNFLの場合、リーグの収入を各チームに均等に分配することで、チームごとの財務状況に大きな差が生じない工夫もされている。各チームは試合に勝つために競合関係にはあるが、ビジネスの上ではリーグとしての収益を最大化するためのパートナーなのである。現にNFLでは、年間の総収入が四〇〇億円程度のチームが多い。

選手の年俸の高騰

プロスポーツの人気が高まれば、選手の年俸も高騰する。大リーガーの平均年俸は、一九九〇年代前半の段階ですでに一億円を超えた。スポーツビジネスが経営努力を怠れない一因も、ここにある。そもそもプロスポーツは人件費の割合が高い。チーム強化には、有力選手の引き抜きや引き留めに相応の資金が必要だが、これは潜在的にチームの経営を圧迫する。

しかも、プロスポーツの発展とともに、次第に選手の力が強くなってきた。

アメリカの四大プロスポーツの新人選手は、ドラフトで自分が希望するチームに指名してもらえるとは限らない。だが、プロスポーツの人気が上昇するにつれ、選手は待遇改善を求めるようになる。そこで、選手の不満を解消するために一九五〇年代後半からアメリカの四大プロスポーツが導入せざるを得なくなっていったのが、フリーエージェント制度である。制度の導入時期は競技によってかなり違うが、在籍年数が一定の年限を経過した選手は、条件さえ合えば自由にチームを移籍できるようになった。リーグ側のこの譲歩は、年俸の高騰に拍車をかけた。

選手の方がチームを選ぶという立場の逆転に伴う年俸の上昇は、契約交渉を難航させるようになった。相場に比して自分が過小評価されていないかという不安から、選手は最も良い条件を引き出すため、専門的知識を持つ代理人（スポーツエージェント）を立てるようになった。代理人の報酬は、最終的に選手が獲得できた契約年俸に一定の割合をかけて算出するのが普通なので、選手の年俸を交渉で釣り上げることができれば、選手も代理人も儲かることになる。しかし、チームの側はそれだけ資金力が必要になる。

プロスポーツの経営努力には目を見張るものがあるが、裏を返せば選手の年俸の高騰を制御できず、より多くの資金を得るために経営体質を強化し続けねばならないサイクルにはまっているからだともいえる。そして、選手と経営側は、時としてうまく折り合えず、最近でもアメリカのプロスポーツはしばしばシーズン中に長期間のストライキやロックアウトに突入している。例えば、サラリーキャップ制度をめぐって大リーグの選手会は一九九四年シーズン途中にストライキに突入し、ワールドシリーズも開催されなかったし、NHLも同様の問題で二〇〇四年シーズンの全試合が中止に追い込まれている。

現役時代にできるだけ稼いでおきたい思惑が選手にあるのは当然だが、年俸数億円を稼いでいる人間がなぜストライキまでするのかファンには理解しがたい。一般庶民の金銭感覚からはかなり逸脱した巨額の契約金をめぐる狂騒は、ファンそっちのけで選手たちは金儲けに没頭しているとの印象を与えかねず、競技の人気そのものに悪影響を及ぼしかねない。

ドーピングの蔓延

より高額の年俸を確保するためには、選手も実績が伴わなければならない。だが、こうしたプレッシャーは、違法な薬物に手を染めてでも結果を残したいという選手たちの欲望をも刺激した。選手たちの感覚は、アスリートとしての倫理の部分でも麻痺し始めたのだ。

アメリカのプロスポーツ界で起きたドーピング問題の中でも、最も衝撃的だった事件の一つは、バリー・ボンズの事例だろう。大リーグのサンフランシスコ・ジャイアンツで活躍したボンズは、二〇〇一年に七三本のシーズン最多本塁打記録を打ち立て、二〇〇七年にはハンク・アーロンの記録を抜いて歴代通算最多の七五六号本塁打を放った（最終的には七六二本）。ところが、これらの記録を達成する少し前から、ボンズの体格が年齢のわりには異常に急激に発達しているように誰の目にも映っていた。折しも製薬会社バルコがアスリートに禁止薬物を提供していた事実が発覚し、ボンズもその一人だったことが判明する。彼自身は、故意に服用したことはなく、禁止薬物とは知らなかったと弁解したが、服用期間が相当長期にわたっていたこともあり、多くのファンを失望させた。

バルコ社の事件をめぐっては、陸上女子の金メダリスト、マリオン・ジョーンズもドーピングを認め、メダルを剝奪された。プロ、アマを問わず、金銭的報酬や勝利至上主義に目がくらんだ選手たちは、公正な競争を迂回しようとし始めたのだった。

オマル医師の告発

ドーピング問題が選手の倫理の部分と密接に関わっていたのに対し、経営側の倫理が問われる局面も出てきた。NFLでの選手の脳震盪《のうしんとう》をめぐる問題だ。

これを告発したのは、ペンシルバニア州ピッツバーグで検死解剖を担当していたベネット・オマル医師だった。彼は二〇〇二年にマイク・ウェブスターという五〇歳で死亡した元プロフットボール選手の検死を担当した際、年齢に不相応なほど脳に異常が起きていたことに疑問を持ち、ヘルメット同士を激しくぶつけ合うタックルが繰り返されることで、若くして認知症のような障害が脳に発生する危険性を警告した。しかしNFL側は因果関係を認めず、オマル医師に対しては口封じのための様々な圧力がかけられた。しかし、ウェブスターと類似の症例やそれを苦にした自殺がその後も元選手の間で相次ぎ、NFLは対応を余儀なくされた。そして、脳震盪が脳障害に結びつく危険性について知りながらNFLは対策を怠っていたのではないかという疑念は、選手会による集団訴訟にも発展した。

その後ＮＦＬは、脳震盪対策を強化する方針に転換したが、オマル医師の告発に対する対応には誠実さが欠けていた。すでにプロフットボールは、巨大なビジネスになっており、リーグが開催できなくなれば、試合を中継するメディア、チームを支えるトレーナーやスポーツ用品メーカー、競技場の売店から宿泊業に至るまで、ＮＦＬから恩恵を得ている多くの人に影響が及ぶ。ビジネスの論理が選手の安全や健康を二の次にするという事態は、選手の使い捨てに能力主義のみならず商業主義もが加担している構図を浮かび上がらせた。

プロスポーツがビジネスに徹するなら、それは営利目的でなりふり構わぬ経営戦略に陥るリスクと背中合わせである。だがアメリカ型競技は、金ぴか時代の横暴な企業活動への反省に立った、規制と改革の時代の精神を呼吸しながら登場してきたはずだ。現在のアメリカのプロスポーツ選手やスポーツビジネスに見られる倫理面での甘さは、ルールを守らずに金儲けに走るという、公正な競争がないがしろにされていた金ぴか時代的な状況へと逆戻りしかねない瀬戸際にある様子を映し出している。地域の公共財とビジネスのバランスこそ、産業社会の再出発とともに登場してきたアメリカの近代スポーツが実現すべき課題なのであり、スポーツビジネスの暴走は、かつての自由放任主義の暴走と同じく、資本主義の限界でしかないのである。

第8章　メディアが変えるスポーツ

1　アメリカにおけるマスメディアの発展過程

産業社会の到来とメディアの変化

商業主義の暴走は、地域の公共財としてのアメリカのスポーツの伝統を破壊しかねない。だがそれを防ぐには、もはやスポーツビジネスの努力だけでは限界がある。すでにスポーツビジネスが巨大化し、様々な利害関係が構築されているからだ。NFLが脳震盪の問題で対応が遅れた原因の一端もそこにある。そして、スポーツビジネスが現在最も深い利害関係で結ばれている相手の一つは、メディアである。それゆえ、メディアとの関係は、今後のスポーツビジネスの行方を占う上で極めて重要だ。だがそもそも、両者はどこで結びついたのか。これを理解するためには、メディアがどう変貌してきたかにまず目を向ける必要がある。

実はメディアは、規制と改革の時代に重要な役割を果たした存在だった。マックレイカーズと呼ばれたジャーナリストたちが独占企業の不正を次々に暴露記事にし、世論の形成に大きく貢献した。だが、そのメディアも産業社会の影響から決して免れることはできなかった。

産業社会で市場が拡大すると、広告への需要も増してくる。活字媒体は、広告の場として注目された。そして、広告収入で多額の資金がメディアに舞い込むようになった時、折しも印刷や物流の技術革新も起こり、大量の部数を短時間に印刷して、不特定多数の人に販売することが可能になった。一九世紀末には、部数一〇〇万部を超えるような大衆雑誌も登場した。

こうした巨大メディアは、安定した広告収入を得るため、部数を着実に伸ばすことに細心の注意を払った。そこで、従来の投稿中心の形式を一新して、読者が好みそうな記事を自分たちが用意して掲載する方式に編集方針を大転換したのだ。広告収入によって有能なライターや専属の記者を雇う余裕もあった。だが同時にこれは、メディアが伝える情報が予め計算され選択されたものであり、読者を受動的な消費者へと変換していくことも意味した。

産業社会への移行とともにメディアは、人々に商品を売り込む広告媒体としての価値を高めた。それは、同一の情報が不特定多数の人々によってほぼ同時に消費される時代の到来を告げた。ここに、広告を行き渡らせるために情報が消費されるという逆転が起こったのだ。

ラジオ放送の始まりと同時性の感覚

一九二〇年代に登場したラジオ放送は、巨大大衆雑誌が体現していたメディアの変化をより先鋭化させたといえる。

ラジオは、活字媒体よりも単位時間当たり、より多くの情報を伝えることができる。だが、ラジオは伝える情報の量的変化をもたらしただけではなかった。耳から入ってくるコマーシャルの宣伝効果は、広告の形式そのものの幅を広げた。さらにラジオは、活字媒体とは比較にならないほど、同時性の感覚を強化した。ラジオは、遠くの出来事を初めて同時に体験できるようにしたのだ。

ラジオの登場は、孤立しているような場所においてさえ、共通体験が同時に成立しうる時代の幕開けを告げていた。社会内部の物理的・精神的距離感を一気に縮める効果を持っていたのだ。スポーツ中継は、そうしたラジオの重要なコンテンツになった。会場の臨場感を別の場所でも体験できるラジオは、スポーツファンの掘り起こしにも貢献したのである。

テレビ放送と視聴者の優位

一九五〇年代になるとテレビが普及し、視覚を通じていっそう臨場感を体験できるようになる。だが皮肉にもこれは、メディアと受け手の関係に奇妙な立場の逆転をもたらした。

巨大大衆雑誌からラジオの時代には、メディアに対して人々は情報を受動的に消費する立場に置かれていた。ある意味では、おあてがいの情報をつかまされていたともいえる。ところが、テレビの場合、視聴者は画面を注視するので、それは目と同じになったのだ。大衆雑誌やラジオの時代には、見繕った情報の垂れ流しや、情報をごまかすことも場合によっては可能だった。しかし、テレビカメラの前ではごまかしはきかないし、「やらせ」のような不自然さもばれてしまう。つまり、伝える中身(画面)の妥当性は、もはやメディア自身の裁量で決めることはできず、視聴者の目が新たな基準となったのだ。

画面が目という視聴者の感覚器官と直結したことは、受動的に情報を消費する側に立たされてきた人々が、メディアへの影響力を持ち始めたことを意味していた。それは、映像の中身に対して視聴者が間接的な所有権を持ち始めたともいえる。こうしてテレビ放送に対して優位に立った視聴者の存在は、テレビのスポーツ中継にも影響を与えることになる。

2　スポーツへの介入

競技へのテレビ中継の影響

スポーツビジネスにとって、テレビ放映権は重要な収入源の柱だ。NFLの年間の放映権収入は、三〇〇〇億円をはるかに超える。これは、数チームの年間総収入の合計金額に匹敵する。

実際、アメリカのテレビの視聴率の歴代トップテンは、すべてスーパーボウルの中継である。スポーツビジネスがメディアに対して便宜を図るのは当然といえる。だがここで見落とせないのは、そうした便宜供与が、テレビよりも優位な立場を獲得した視聴者に最終的には向けられたものであり、そのために競技の運営そのものを変えなければならない事態が生じたという点だ。これが最もよく表れているのは、プロフットボールである。

アメリカのテレビはほとんどが民放なので、試合の中継でもコマーシャルをはさまなければならない。アメリカンフットボールはすべてがセットプレーだし、時計が止まる状況はいくつか起こり得るので、コマーシャルをはさむことは決して難しくはない。とはいえ、そうしたインターバルがいつ訪れるかは予測できないし、放送時間内にすべてのコマーシャルを流しきれない場合もあり得る。インプレー中にコマーシャルがかかると、競技場の観客は問題ないが、テレビの視聴者は見はぐってしまう。

そこで導入されたのが、コマーシャル・タイムアウトである。テレビ放送がコマーシャルを流す時間を取るために、放送局側からの指示で審判が試合の進行を止めるのだ。勝負とは関係のないメディアの都合で、競技場の観客は待たされることになる。観客の立場よりも、メディアの都合が優先する時代となったのだ。

審判の権威とチャレンジ制度

メディアの競技への影響は、判定の面にも及んでいる。どの競技も微妙なプレーの場合、ビデオ判定が導入される傾向にある。テレビの視聴者は、問題の箇所をスローモーションで繰り返し見ることができるし、スタジアムの大型スクリーンに映像が映し出されてしまうので、明らかな誤審はすぐに見つかってしまうようになった。

そこで現在のNFLでは、得点につながった場面など重要なプレーに関しては、ビデオ審判（リプレー・オフィシャル）が主審に連絡し、ビデオ判定を実施する。また、判定に対して監督がビデオ検証を請求できる制度（チャレンジ）も導入している。それは、前後半各二回まで、監督は赤い布をフィールドに投げ込んで、ビデオ判定を求めることができるというものだ。ただし、判定が覆らない場合は、タイムアウトの権利一回分が没収される。

そもそもアメリカ型競技は、規制と改革の時代の精神を根底に持つ存在だ。それは、監視体制と罰則の強化によって公正な競争を担保しようとするものであり、審判の権威が損なわれてはならないはずだ。だが、テレビ中継に伴うカメラという目の導入は、審判よりもカメラに権威を与えた。それだけでなく、本来は判定に不服を申し立てられない立場であるはずの監督に、合法的な抗議の権利をも認めた。審判の地位が相対的に低下する一方、判定の精度を上げる仕事はメディアに依存する時代となったのである。

3　スポーツビジネスとの一体化

マンデイ・ナイト・ゲーム

コマーシャル・タイムアウトやビデオ判定の導入は、競技の運営や審判の権威の部分で、スポーツが視聴者やメディアに譲歩してきた様子を映し出している。加えてメディアの影響力は、試合の開催方法にも及んでいる。だがそこから見えてくるのは、メディアがスポーツに介入するというよりは、むしろスポーツビジネスとメディアが共通の利害関係で結ばれ、両者が一体化しつつある傾向である。その様子も、プロフットボールに顕著に見られる。

プロフットボールは、一九六〇年代にリーグの再編が行われ、現在のようなNFCとAFCという二つのカンファレンス（リーグ）からなるNFLが誕生した。NFLは、人気チームの試合だけをテレビが中継してチーム間に財政基盤の差ができると、リーグ全体の発展に支障をきたすと危惧していた。そこで、放映権をばら売りせず、リーグの試合の放映権を一括して販売する方式を導入し、放映権収入を各チームに均等配分する手法を採用した。これでテレビ局側も、放映権の獲得にはかなりのまとまった金額を支払う必要が出てきた。

当時アメリカのテレビは、ＣＢＳ、ＮＢＣ、ＡＢＣの三大ネットワークの時代だったので、二つのリーグの中継をめぐって熾烈な放映権獲得競争が行われた。だがこれは、放映権料が上昇する点でＮＦＬには有利だった上、ＮＦＬの試合をまとまって抑えられる点ではメディアにも利点があった。実際、この競争に敗れた、三大ネットワークで最も弱い立場にあったＡＢＣは、ＮＦＬの放映権獲得が悲願となった。一方ＮＦＬにとっても、ここでＡＢＣを完全に脱落させるよりも、ＡＢＣにも特別な試合を放送させ、三大ネットワーク間の競争をさらに刺激できれば、将来の放映権料のさらなる上昇が見込めた。

ＮＦＬとＡＢＣの思惑が一致した結果、一九七〇年にマンデイ・ナイト・ゲームという新たな開催方式が導入された。それまでは、レギュラーシーズンの試合は九月から一二月までの毎週日曜日に実施されてきた。そこで、その内の毎週一試合だけ月曜日の夜に移し、ＡＢＣに中継させることにしたのだ。他のチームとスケジュール上の不公平が少なく、競合する裏番組も少ないので視聴率が稼ぎやすい上、一試合のみなので注目度も上がる、というのが理由だった。計算は見事に当たり、次第にＮＦＬは好カードを積極的に月曜開催にするようになる（月曜の試合は、現在ではスポーツ専門のケーブルテレビ、ＥＳＰＮが放送している）。

マンデイ・ナイト・ゲームの成功は、スポーツ中継の枠を増やすことが、メディアにとってもスポーツビジネスにとっても利点があることを証明した。両者は共存共栄できるモデルを見出したのだ。

ボウルゲームの増加

一九八〇年代に入ると衛星放送やケーブルテレビが普及し始め、視聴率獲得競争は一段と激化した。スポーツ中継のコンテンツとしての重要性は増していたが、人気競技は既存のテレビネットワークに押さえられていたため、後発の放送局は、マイナーなプロ競技やネットワークが十分食い込んではいなかった大学スポーツに照準をあわせた。大学スポーツの放映権はNCAAが管理していたが、それはNFLのようなパッケージ方式ではなかったので、参入できる余地が十分あった。

ところが、大学スポーツのコンテンツとしての価値の上昇は、有力リーグ（カンファレンス）の発言権を増大させ、結果的に大学スポーツの対外的窓口であったNCAAの統制力を後退させた。主要大学リーグは、メディアやスポンサー企業と組んで新たな大学スポーツイベントを設け、そこから収益を上げようとし始めた。その典型的な現象が、ボウルゲームの増加である。

大学フットボールのレギュラーシーズンの試合数は、かつて一一試合だった。体力の消耗が激しい競技であるため、この程度が限界だったのだ。多くの大学はいずれかのリーグに所属し、一一試合の大半はリーグ内の対抗戦で占められていた。だが、これではどの大学が全米一なのかをうまく決める方法がない。それゆえ苦肉の策として、スポーツ記者や監督などによる投票で毎週ランキングを決め、レギュラーシーズンの成績が良かったランキング上位数校に特別な招待試合の機会をシーズン終了後に与え、その結果で最終的なランキングを決めるという方法がとられてきた。このプレーオフ的な招待試合をボウルゲームという。

ボウルゲームとしての格式が高いとされてきたのは、四大ボウルと呼ばれてきたローズボウル（カリフォルニア州パサデナ）、オレンジボウル（フロリダ州マイアミ）、シュガーボウル（ルイジアナ州ニューオーリンズ）、コットンボウル（テキサス州ダラス）で、一九八〇年頃までボウルゲームの種類は一五程度であった。ところが現在では倍以上に増えており、クリスマスの前からお正月まで、ほとんど毎日どこかでボウルゲームが開催される状況になっている。

大学フットボールという人気競技の中継を増やそうとするメディア側と、ボウルゲームへの出場を一種の宣伝効果と考える大学、試合を誘致することで経済効果を得ようとする開催都市、冠大会で宣伝効果を狙《ねら》うスポンサー企業などの思惑が絡んで、大学フットボールの開催方法も変化してきたのである。二〇一四年シーズン以降は、一部のボウルゲームを舞台に上位校によるトーナメントが導入され、全米一を決めるための新たなイベントもポストシーズンには加えられている。ボウルゲームに出場した大学が所属するリーグには、数千万円から数十億円単位の金が入り、出場した大学の必要経費を差し引いた後、リーグ所属の各大学に分配されている。

ブランド化と神話化

より多くの競技や試合が放送されること自体は決して悪いことではない。だが、それが収益目的だと、観る価値のある魅力的な商品に仕立てる必要が出てくる。メディアも主催者側も、その競技や試合のステイタスを人為的に高めていこうとする。いわばスポーツのブランド化や神話化というべき現象が起こるのだ。実際、一九九〇年代以降アメリカの大学スポーツでは、メディアの注目度を高めるために、主要リーグ間で強豪校の引き抜きが相次ぎ、リーグの再編という形でブランド力強化が起こっている。

スポーツのブランド化や神話化は、決して今に始まった現象ではない。ホール・オブ・フェムと呼ばれる殿堂の建設はその典型である。例えば野球では一九三九年にクーパーズタウンに野球殿堂と博物館が開館しているが、この競技の歴史に名を残した人々をレジェンドとして顕彰する行為は、この競技が社会的価値を持つことを既成事実化する。

スポーツのブランド化や神話化にビジネスパートナーとしてメディアも加担することは、スポーツの地位をさらに高める一方、深刻な問題をもはらむ。本来メディアには社会の不正を追及する機能がある。金ぴか時代の深刻な現実が人々に認識され、規制と改革の時代の世論が形成される上でメディアが果たした役割は大きい。しかし、メディアとスポーツが手を組んで、スポーツ自体のさらなるブランド化や神話化に加担しながら新たな利益を稼ぎ出すという事態は、スポーツに潜む問題点を商業主義の背後へと不可視化させかねない。

メディアによるチェック機能の後退は、メディアとスポーツビジネスの一体化をいっそう加速させる。その究極の形態は、スポーツビジネスによるコンテンツの独自配信だろう。現在アメリカではプロスポーツが自らケーブルチャンネルを運営したり、インターネット配信を行い、それに必要なコンテンツを自前で製作する傾向が強まっている。スポーツビジネスは、メディアに放映権を売るのみならず、自らメディア産業に参入して収益源を拡大しつつ、スポーツのブランド化と神話化を自分の手で推し進めようとしているのだ。

競技運営や開催方法をめぐって、スポーツはメディアに譲歩してきた歴史を持つ。しかし最終的には、スポーツとメディアのパートナーシップは強化された。両者は共存共栄しただけでなく、スポーツのブランド化と神話化を加速化し、両者にとって都合のよいスポーツ像を社会に浸透させた。そして、メディア界へのスポーツビジネスの進出は、メディアによるスポーツのチェック機能をさらに縮小しながら、スポーツビジネスが巨大な影響力を持つ存在になったことを物語っていた。

スポーツのメディアとの一体化は、公共財とビジネスのバランスの回復に大いに貢献するとは考えにくい。そもそも人件費の割合が大きく、高コスト体質のスポーツビジネスは、金の成る木とまでは言い難い。現に、競技によっては赤字経営の危機に陥っているチームもある。また、大学スポーツの収益性とて、一部の競技に限られており、自ずと限界がある。一定の黒字を確保しようとメディアとのタイアップを模索するのはやむを得ない部分もあろうが、こうしたビジネスモデルが他方でどのような代償をもたらしうるのか、冷静に向き合う姿勢がスポーツビジネスには必要だろう。

アメリカ型競技の根底に流れている資本主義と民主主義の両立という目標を放棄すべきではないとスポーツビジネスが考えるのなら、資本主義的な利益の最大化ばかりにのめり込むのではなく、民主主義にどう関与していくのか、より自覚的な姿勢が求められよう。それは、スポーツがマイノリティや女性に対する差別に風穴を開けてきた歴史を、スポーツビジネスがどう引き継げるのかという問いでもある。そこで次に、スポーツビジネスがマイノリティや女性とどう向き合おうとしているのかを見てみよう。

第9章　アメリカの夢を支える搾取の構造

1　先住インディアンとアメリカのスポーツをめぐる不平等な関係

先住民文化と西洋文化の相互浸透

アメリカ型競技理念に顕著な能力主義や、アメリカにおけるアマチュアリズムへの抵抗感を考えれば、プロスポーツが現実の社会で差別にあえいできた不遇な人々に成功への機会を提供してきたのは決して不思議ではない。だが、黒人や女性たちの場合に顕著に見られたように、スポーツの門戸開放には実に長い時間を要しただけでなく、それが現実の社会の差別の根絶をもたらしたわけでもない。いまや巨大な産業と化したスポーツビジネスが、この道半ばというべき状況を後戻りさせてしまうことはないのか？　この問題を先住インディアン、黒人、女性の各々のケースから考えてみたい。

先住インディアンは、実はアメリカ社会に様々な恩恵を与えてきた。植民地時代からアメリカの輸出品となってきたタバコは彼らの作物であったし、アメリカの代表的なスナックとなったポップコーンも彼らの食べ物だった。こうした恩恵はスポーツにまで及んでいる。

先住インディアン由来で、アメリカにプロのリーグまで存在する競技は、ラクロスである。ラクロスの起源は先住インディアンの宗教的儀式に遡り、白人入植者が初めてこれを目撃した際にはすでに数百年の伝統があったとされる。数百人が二手に分かれ、木製の球を柄の先についた網で捕球し、遠心力を使って投げたり、網に入れたまま走ったりして、ゴールに運ぶのを競い合っていた。ゴールの間は時に数キロに及ぶこともあったらしく、数時間から数日をかけて行われていた。戦争に似た争い事を疑似体験しながら、走力や持久力を高める狙いも込められていたらしい。白人たちは、これをスポーツとして認識し、一九世紀には競技としての骨格が整った。フィールドは、アイスホッケーの陸上拡大版のような感じだ。

一方、逆に先住インディアンがアメリカのスポーツ文化を取り入れている例としては、スケートボードが挙げられる。スケートボードは、第二次世界大戦後、カリフォルニアのサーファーたちが陸上での練習用に始めたのがブームのきっかけといわれる。その後は様々な技を街頭で披露しあう若者文化として発展していったが、板と車輪という簡単な装備で、しかも特別な場所を必要としないスケートボードは、先住インディアンの居留地の若者たちにも広まった。部族の伝統を表すデザインをボードに施しているような人も多く、アメリカの路上が育んだスポーツと先住民の伝統文化が溶け合う状況が生まれている。

先住インディアンにちなんだチーム名とトマホーク・チョップ

このように、スポーツをめぐっては、先住インディアンとアメリカ社会との間に相互浸透というべき現象が見られる。だが、スポーツにおける両者の地位は決して対等とはいえない。アメリカのスポーツの恩恵を先住インディアンは必ずしも十分受けてこなかったばかりか、先住民の立場や文化はスポーツの場で冒瀆《ぼうとく》されてきた。

アメリカのスポーツチームの名前には、先住インディアンにちなんだものが散見される。酋長《しゅうちょう》を意味するチーフス（プロフットボール）やインディアンス（大リーグ）といった名称は、先住インディアンの勇猛さにあやかろうとするものだし、セミノールズ（フロリダ州立大学）のように部族名を冠したものもある。とりわけ議論を呼んできたのは、レッドスキンズという名称やそれにちなんだマスコットだ。

これは先住インディアンの蔑称なのだが、プロフットボールのワシントン・レッドスキンズをはじめ、大学や高校のチーム名にも使われてきた。この名称の撤回を求める先住民側の抗議は一九七〇年代から続いており、実際、一九九七年にはオハイオ州のマイアミ大学がこの名称の使用を取りやめた。ワシントン・レッドスキンズに対しても、チーム名の商標登録

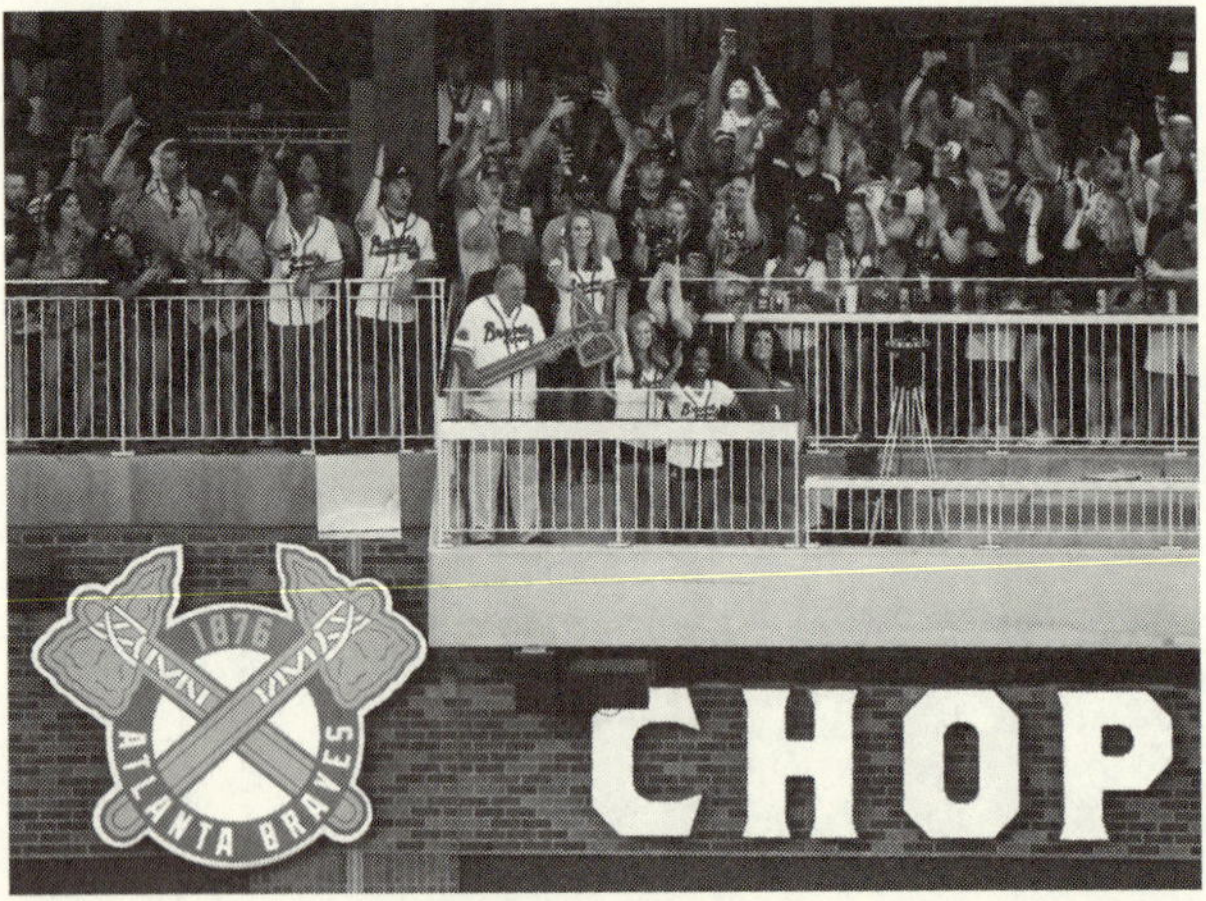

9－1　トマホーク・チョップ　大リーグのアトランタ・ブレーブスのシンボルであるトマホークは、ホーム球場の応援グッズにもなっている

の無効を求める裁判が起こされ、連邦議会をも巻き込んだ議論になっている。

先住インディアンにちなんだ名称のチームの応援では、先住民の戦いの歌をイメージしたと思われる曲に合わせて、まさかりのような先住民の武器（トマホーク）を象《かたど》った応援グッズを（ないし片手を空手チョップのように）観客が前後に振る光景（トマホーク・チョップという）がよく見られる。トマホークは大リーグのアトランタ・ブレーブスのユニフォームにも描かれている。

チーム名をわざわざ先住インディアンを連想させる名前にし、試合を先住民の戦いに準え、応援もその雰囲気に合わせたものにするという趣向に対しては、先住民側からの反発が根強い。本来トマホークは神聖な武器であり、レッドスキンという蔑称を黙認しているような部外者が実際の戦闘とは無関係の場面で用いるのは、先住民文化の冒瀆に他ならないというのである。先住民を戦争の民へとステレオタイプ化し、その文化に土足で踏み込んでいくような態度をスポーツが助長してきたことは否めない。

ジム・ソープの軌跡

多数の先住インディアンのアスリートが活躍していれば、チームも観客も敬意を払わなければならないはずだ。逆に言えば、先住民の蔑称がチーム名に使用され、先住民文化に配慮を欠く応援スタイルがまかり通ってきたのは、プロ、アマを問わず、先住インディアンのアスリートの存在感が希薄だからである。この背景には、先住民が十分な教育環境・競技環境を得られず、仮に運動の素質があってもそれを開花させる機会に恵まれていないという事情がある。現に、数少ない先住民の著名なスポーツ選手の軌跡には、先住インディアンとアメリカのスポーツとの不平等な関係が凝縮されている。

先住民のスポーツ選手として最も著名な人物は、ジム・ソープ（一八八七〜一九五三）である。ペンシルバニア州のカーライル・インディアン・スクールに進んだ彼は、黎明期の大学アメリカンフットボールの著名な監督、ポップ・ウォーナーとそこで出会う。ウォーナーは、ソープの卓越した運動能力を見抜き、彼に陸上競技を勧める傍ら、チームの中心選手としても起用した。一九一一年、ソープの活躍でカーライル校が当時の強豪ハーバード大学に勝利すると、彼は一躍世間の注目を浴びる。

天賦の運動神経を買われたソープは、一九一二年のストックホルムオリンピックのアメリカ代表に選抜されて十種競技と近代五種に出場し、いずれも金メダルを獲得する。彼自身はこれらの競技に親しんでいたわけではなかったが、他の選手を圧倒してしまったのである。その後、彼は大リーグやプロフットボールでもプレーし、プロスポーツの集客にも貢献したが、それは彼自身の私生活の幸福や先住民の地位向上にはつながらなかった。

それどころか、彼の名声は死後も利用される。ペンシルバニア州のある自治体が、金に困っていたソープの未亡人（三人目の妻）と組んで、彼の名を冠した「ジム・ソープ」という名称に町の名前を変更し、彼の墓を誘致してメモリアルを建設したのだ。実際には彼はこの地には何ら縁もゆかりもなかったので、これは自治体側のいわば町おこしと話題づくりの色彩があった。彼の名を冠した地名の存在は、彼の名声の大きさと同時に先住民アスリートの尊厳がいかに軽視されてきたかをも暗示している。

能力主義が選手の使い捨てを正当化する一方、社会全体に組み込まれた差別構造は置き去りにされていくという構図は、ジェシー・オーエンズの事例と重なる。ソープがプロ、アマ両方の競技に加えて町おこしにも利用された経緯、いまだに彼に匹敵するネームバリューを持つ先住民アスリートが登場していないという事実、そして先住民の立場や文化を冒瀆する無神経さがスポーツ界に残存していることの三点から考えると、プロスポーツの恩恵は今もって先住民には十分届いていないといわざるを得ない。スポーツビジネスが自らこの流れを断ち切る兆候は、いまだにはっきりとは見えてはいないのである。

2　翻弄される黒人アスリート

マイケル・ジョーダンとナイキ社

アメリカでアスリートに高い社会的地位が与えられてきたのは、選手として地域の公共財に関わり、民主主義と共同体の絆を強化する立場にあることが深く関係していた。だがスポーツビジネスの発展は、アスリートの広告塔としてのポテンシャルを浮上させた。それは、長らくアメリカのスポーツ界で冷遇されてきた黒人アスリートの立場をも大きく変える可能性があった。NBA（プロバスケットボール）の花形選手マイケル・ジョーダン（一九六三〜）とスポーツ用品メーカーのナイキ社をめぐる事例は、それを如実に物語っていた。

ナイキ社はオレゴン州に本社を構えているものの、国内の生産拠点作りよりも海外に目を向けてきた。一九六〇年代後半には、神戸のオニツカタイガーという靴メーカーの製品をアメリカで販売して会社の土台を築いたほどだ。その後も東南アジアなど労働力の安い地域の工場で生産した製品を欧米で売りさばいて利益を上げるという経営スタイルを取ってきた。そのナイキ社にさらなる飛躍をもたらしたのが、ジョーダンだった。

ジョーダンは、ノースカロライナ大学一年生の時に、全米一を決める試合の土壇場で逆転シュートを決めたことから一躍注目される存在となった。中退し一九八四年にNBA入りした彼は、低迷していたシカゴ・ブルズに加入した。当時はNBA自体も人気が下降気味だった。彼は決して背の高い選手ではなかったが、身のこなしとシュート力は抜群で、たった一人の選手の加入でこれほどチームは変わるのかと人々を驚かせるほど、チームに活気を与えた。バスケットボールを一時期離れたこともあったが、一三年間の在籍で、リーグの得点王一〇回、リーグのMVP五回を獲得し、チームの二度の三連覇に貢献する。一〇〇〇試合以上に出場して、一試合平均三〇得点以上という驚異的な数字を残した。

ナイキは一九八〇年代半ば以降、ジョーダンの才能と人気に目をつけた。そして、自社製品を使ってもらう専属契約を結び、年俸を上回る多額の契約金を払う一方、ジョーダンの名を冠したブランドを開発し、エアー・ジョーダンというスポーツ・シューズを売り出した。この靴は実際には東南アジアの工場で安い労働力を利用して生産され、工場の時給は数十セント、一足当たりのコストも五〇ドルをはるかに下回っていたが、アメリカでは原価の約三倍で販売されていたこともあったとされる。販売価格は決して安くはなかったが、ある程度の経済力のある家庭では子供にせがまれて親が買い与えられるぎりぎりの許容範囲だったこともあって、ジョーダンの人気とともに爆発的に流行した。

とはいえこの価格は、ジョーダンのようなスター選手に憧れながらも貧しいスラム街に閉じ込められていた黒人の子供たちには、とても手の届かないものだった。だが一方でナイキ社は徹底的な広告戦略を打ち出し、ジョーダンを使ったコマーシャルを大量に放送したため、この靴への子供たちの欲望は高まるばかりだった。実際、アメリカ各地でこの靴を履いていた人が襲われ、靴が奪われる事件が頻発し、殺人事件さえ発生した。

黒人選手は、国家の体面を保つために幾度となく利用されてきた。だがプロスポーツの発展によって周辺企業に利権が生まれると、今度はそこが黒人アスリートを広告塔に仕立て、自社製品を売り込む時代が到来した。経済的恩恵が及ぶことで、黒人アスリートの立場は改善されたかもしれないが、それはさらに立場の弱い海外の労働者や国内の貧困層を搾取して成り立っているともいえる。プロスポーツが巨大な産業と化し、周辺企業もそれにあやかって甘い汁を吸う中、今度は選手に代わって次々に別の人が犠牲者にされていくようなメカニズム。スポーツ界で翻弄《ほんろう》されてきた黒人アスリートたちまでもが、スポーツビジネスの商業主義に加担させられる時代が訪れたのだ。

人種隔離撤廃以後、スポーツは黒人たちにとって数少ない栄光への階段となってきた。実際、黒人の人口はアメリカ全体の一割強なのに、プロスポーツでの黒人選手の比率は、はるかに高い。そしてマイケル・ジョーダンの成功は、黒人アスリートも巨大化したスポーツビジネスの利権に与《あずか》れる時代になったことを意味した。黒人の若者がNBAを目指そうとする傾向はこれでいっそう拍車がかかった。一九九四年のドキュメンタリー映画『フープ・ドリームス』(スティーブ・ジェイムズ監督)は、その実態を伝えている。

『フープ・ドリームス』

フープとは、バスケットボールのゴールのリングのことだ。この映画には、NBAを目指す二人の実在の黒人高校生ウィリアム・ゲイツとアーサー・エイジーが登場する。シカゴのスラム街に住む彼らは、スカウトの目に留まり、生徒の大半が白人のバスケットボールの強豪校まで一時間半かけて通う。すぐに才能を開花させたウィリアムは、一年生にしてレギュラーとなり、篤志家の申し出により授業料を全額免除されるが、膝を傷め、その後は思うように活躍できなくなってしまう。一方のアーサーは成績不良で、バスケットボールの才能にも見切りをつけられ、退学を余儀なくされる。地元の公立学校に転入した彼は、高校最後の年には州大会にまで勝ち進む。

二人の一家は極貧状態にある。ウィリアムは母子家庭で兄は失業中、アーサーの父は麻薬中毒患者で、生活保護を受けている母は公共料金を払うことさえままならない。だが両家とも、息子がプロ選手になれれば一家の経済状態も激変する可能性があることから、息子の将来にすべてを賭ける。幸い二人とも大学のスカウトの目に留まり、奨学金受給資格を満たす成績基準を辛うじてクリアしてバスケットボールを大学で続けるチャンスを獲得する（ただし映画では描かれていないが、二人ともNBAにはドラフトされなかった）。

この映画は、貧しい黒人にとってプロスポーツがいかに大きな夢であるかを描き出すと同時に、それがいかに狭き門であり、その夢にいかに多くの人々が翻弄されているかを暗示する。高校時代のバスケットボール選手で大学チームに迎えられるのは三％、大学の選手がNBAにドラフトされるのは一％程度である。黒人たちは長らくスポーツ界から門前払いされ、スポーツビジネスが巨大化した今日においては、今度は参入のための過酷な競争にさらされている。こうした境遇は、アメリカ社会で黒人が成功する機会がいまだに限られている様子を物語っている。マイケル・ジョーダンの栄光は、それに魅せられた多くの黒人の若者とその家族たちの運命を翻弄するという皮肉な結果をも招いたのである。

3　女性プロスポーツの地位とエロチシズムの視線

国技に近づいた女子サッカーの窮状

一九七二年の改正教育法の第九条によって、大学における女性スポーツの環境は大きく変わった。だがこの変化は、スポーツビジネスが女子競技を取り込んでいく流れを加速したのだろうか？　一九七〇年代の女性のプロスポーツといえば、テニス、ゴルフ、ボウリングといった個人種目であった。したがって、団体競技でも女性のプロスポーツがその後どれだけ発展したのかが、スポーツビジネスと女子競技の関係を考える重要な糸口になる。

タイトルIX以前はほとんど存在しなかったのに、現在では国民の注目度の高い団体競技となり、女子のプロチームも存在するのは、女子サッカーである。アメリカでは男子サッカーの伝統自体がさほどではない点を考えると、女子サッカーの急速な発展は特筆に値する。しかし、それにスポーツビジネスが顕著な役割を果たしたとは言い難い。

アメリカでの女子サッカーの発展の重要なきっかけは、女子のワールドカップの開催を国際サッカー連盟が決めたことだった。アメリカは一九八三年に代表チームを創設し、一九九一年の女子の第一回ワールドカップで見事優勝する。その後ワールドカップで二回、オリンピックでは四回の優勝を飾った代表チームは、女子サッカー人気の牽引車となる。実際、それに刺激されて、アメリカで初の女子のセミプロサッカーリーグが一九九五年に創設される。しかし、そのリーグは発足直後に分裂してしまう。

その後一九九九年の女子ワールドカップで再びアメリカが優勝したことで再度女子サッカー人気が高まったことから、全員がプロ選手で構成された世界初の女子サッカーリーグWUSAが二〇〇〇年に発足する。だが八チームで組織されたリーグは、わずか三シーズンで解散に追い込まれる。資金不足と世間の注目度が上がらなかったことが原因であった。プロリーグ復活に向けた努力はその後も行われたが、二〇〇九年に開幕にこぎつけたWPSというリーグも二〇一二年に解散する。事態を重く見たアメリカサッカー協会は、女子サッカーのリーグ再編に乗り出し、翌年にはNWSLという新たなリーグがスタートした。だがNWSLでは、年俸が二〇〇万円に満たない選手もいるようだ。

こうしたプロリーグの窮状は、代表チームの国際試合での目覚ましい活躍とは対照的である。いまや女子の競技では国技のような地位にある女子サッカーのさらなる発展には、国内のプロリーグを活性化させることが有効なはずだが、女子プロサッカーリーグに対してはスポーツビジネスもメディアも十分な関心を寄せていない。ワールドカップでの優勝経験がないにもかかわらず、男子のプロサッカーリーグ（MLS）がそこそこの人気を博していることとを考えると、何とも皮肉である。スポーツビジネス全盛の時代に至っても、国際舞台での活躍が必ずしもアメリカ国内のスポーツ環境を劇的に変える保証はないという、あのジェシー・オーエンズに通ずる図式が繰り返されているのだ。

WNBAの地位

国技に近づいたはずの女子プロサッカーの苦戦に比べると、女子のプロバスケットボールリーグWNBAの現状は、まだよいかもしれない。しかし、WNBAの地位は、別の意味でプロスポーツにおける女性競技の現状を象徴しているように思える。

バスケットボールはかねてから女子にも普及していた団体競技であり、アメリカ女子代表チームの実力も世界一だ。一九七六年にオリンピックの正式種目となって以来、アメリカがボイコットしたモスクワオリンピックを除いて、一〇回の内八回でアメリカは金メダルを獲得している。だが、NBAの支援の下に本格的な女子のプロリーグが創設されたのは一九九六年で、女子サッカーとほぼ同時期だ。ここでも女子の競技のプロ化は、国際舞台での活躍に後れをとった。

しかも、本来これは冬場のスポーツなのだが、WNBAのシーズンは五月から一〇月である。男子のNBAのシーズンと重ならないように開催時期がずらされているのだ。NBAの試合と重なると注目度が下がり、観客動員に影響が出るという判断があるのだろう。また、チームの多くは、同一都市に存在するNBAのチームと経営母体が同一で、試合会場も同じ場所を使用していることが多い。あたかもWNBAは、NBAのサイドビジネスとしてオフシーズンを埋めているような地位にあるのだ。

歴史的経緯を考えれば、女子バスケットボールは女子のプロリーグとしては最も成功する可能性を秘めた存在のはずだ。WNBAの一試合当たりの観客動員数が平均で七〇〇〇人前後というのは、オフシーズンを考えれば健闘しているというべきなのかもしれないが、女性チームスポーツのプロ化が思うように進んでいない現状は、男子の競技と女子の競技に新たな上下関係を生み出しているようにも見える。タイトルⅨや国際試合での活躍をもってしても、女性とプロスポーツの間にはいまだに壁が立ちはだかっているのだ。

ランジェリー・フットボール

アメリカではスポーツビジネスが発達しているのに、そして世界最高水準にある女子の団体競技も複数存在するにもかかわらず、女子のプロスポーツはマイナーな地位に甘んじている。そもそも、女子の団体競技でプロ化の草分けとなった女子プロ野球も、大リーグの代替物とみなされていた点で、今日のWNBAの置かれた従属的立場と類似していた。そして、

9－2　PKを決め歓喜するブランディ・チャスティン　PK戦にもつれこんだ第3回サッカー女子ワールドカップの決勝戦で決勝のPKを決めた直後のブランディ・チャスティンの写真は、アメリカ女子サッカー史上最も有名な1枚となっている

競技水準では大リーグに及ばなかった女子プロ野球に期待されたのは、セックスアピールだった。とすれば、競技水準とは無関係に、あくまでも「女らしさ」やセクシーさを求める発想が、いまだに女性プロスポーツの発展を歪めているのではあるまいか。

　プレーよりもエロチシズムが話題性を持ちうる様子は、ある女子選手の写真も物語っている。一九九九年のサッカー女子ワールドカップのアメリカ対中国の決勝戦は、ＰＫ戦にもつれ込んだ。五人目のキッカーとしてゴールを決め、アメリカに優勝をもたらしたブランディ・チャスティンは、男子選手がよくやるように、歓喜のあまり思わずジャージーを脱いでしまった。この時の写真が、アメリカ女子サッカー史上恐らく最も有名な一枚になっているという事実は、女性競技への眼差しの正体をあらためて暴露している。プレーそのものよりも、エロチシズムを満足させるような行為の方が注目されてしまうのだ。

現に、女性の身体を覗き見ようとする男性の視線そのものが新たな女性競技を作り出してきた形跡すらある。その代表的存在が、二〇〇四年に始まったランジェリー・フットボールだ。これは、室内で行われる女性の七人制アメリカンフットボールなのだが、その名の示す通り、当初はブラジャーとパンティーというスタイルでプレーしていた。本来アメリカンフットボールには肉弾戦的要素が強く、男子でも防具を装着するが、明らかにこのユニフォームは女子プロ野球のそれを数段セクシーにしたものだった。実際、選手のけがが絶えず、二

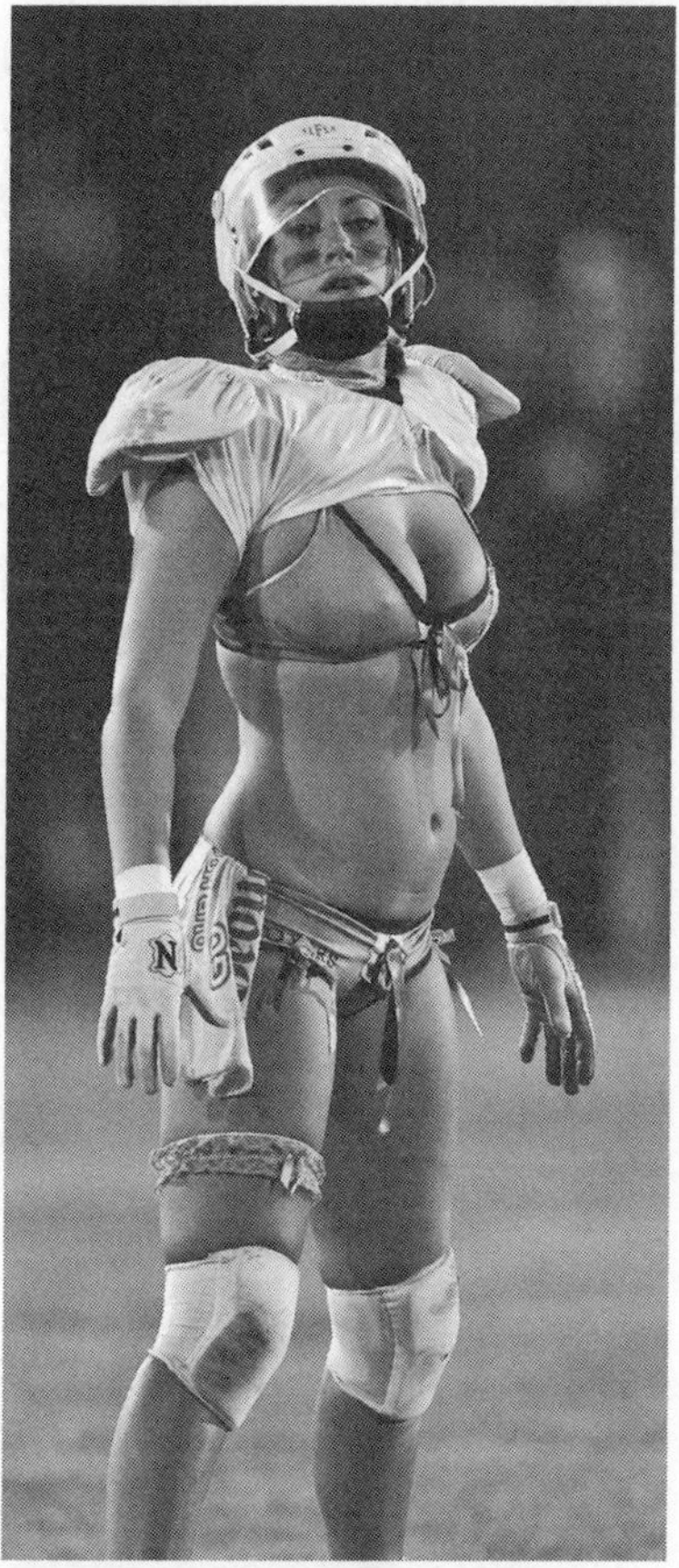

9－3　ランジェリー・フットボール　かつてのランジェリー・フットボールのユニフォーム。その後改良されたものの露出度に大きな変化はない

〇一三年からはより身体の保護を重視したユニフォームに変更され、名称もレジェンズ・フットボール・リーグと改められた。しかし実態としては、ビーチバレーのようなビキニに、ヘルメットと肩当てや膝当てを装着した程度のままだ。

アメリカンフットボールという競技を女性にも開放すること自体は、野球の場合と同じく決して悪いことではない。問題は、その際になぜ選手の身体の保護よりも、身体の露出が求められるのかだ。長らく女性のスポーツへの参入を阻んでいたのは、公の場で女性の身体の露出度が上がるのを忌み嫌う性道徳だった。だが、いまや逆にセクシーさを売りにすることで女性の競技が成立するという奇妙な逆転が起こっている。「観戦するスポーツ」は、地域の人為的集団統合を促進してきた一方で、女性の身体を「観る」場をも作り出してきている。スポーツの女性への開放の歴史は、いつの間にか見世物的な搾取の強化へとすり替えられてきているのである。

ローラーダービーの復活

一方、こうした現状に対する女性からの異議申し立てが、ある競技の復活につながっている。日本ではローラーゲームと呼ばれる、ローラーダービーである。

ローラーダービーは、ローラースケートを使った一チーム五人が出場する屋内団体競技だ。

陸上競技のような五〇メートル程度のトラックを反時計回りに周回しながら、ジャマーと呼ばれる選手が前を走行する相手チームの選手をのべ何人抜けるかを競う。この時、味方の他の選手は、相手チームのジャマーの走路をブロックする傍ら、味方のジャマーが相手チームの選手を何度も抜けるよう、手を摑《つか》んで遠心力を使って加速させたりしてアシストする。あざができるほど激しい衝突が繰り返され、選手がトラックの外に放り出されてしまうこともある。

こうした特徴だけ見ると、およそ女子のする競技とは思えないかもしれない。だが二〇世紀前半から存在するこの競技は、女子にも普及し、男女混合チーム（男子対男子、女子対女子の結果を合計する）や女子のみの競技会も行われてきた。日本でも、一九七〇年代前半に東京ボンバーズという男女混成チームの試合がテレビで放映され、一時期ブームになっていたのをご記憶の方もあろう。

ローラーダービーには、プロレスの場外乱闘めいた見世物的要素があった。選手同士が激しく体をぶつけあいエキサイトすると、試合を一時中断して、因縁の当該選手同士が決着をつけるための勝負をする。スピード勝負から、何でもありのタックルを繰り出して決着をつける手法まで、エンターテインメント性の高い番外編が繰り広げられるのだ。

一九八〇年代には、ローラーダービーは男女とも下火になっていた。ところが、二一世紀になってテキサス州のオースティンを中心に、純粋な競技としての女子のアマチュアのローラーダービーが復活してきた。ブームはアメリカ以外にも広がり、WFTDAという女子の競技団体も作られ、世界で約四〇〇のリーグが加盟している。

なぜこの競技が復活したのかを考えるヒントになるのは、ある選手の自伝的小説を基に二〇〇九年に作られた映画『ローラー・ガールズ・ダイアリー』(ドリュー・バリモア監督)だ。テキサスの田舎町に住む少女ブリスは、ミスコンに出場させようとする母親に辟易《へきえき》し、退屈な日常から逃れたいと思っていた。オースティンで女子のローラーダービーの試合を見たブリスは、年齢を偽ってチームに入れてもらい、自分の青春をローラーダービーにかける。

この作品では、ミスコンとローラーダービーの対比が鮮明だ。前者が世間の期待する女性らしさへの道だとすれば、後者は人生の充実感を得る手段として位置づけられている。女性は男性から期待されるような存在を選び取るよりも、仮にそれが世間の描く女性像から逸脱しているとしても、自らの人生の満足を追求すべきだというメッセージがそこにはある。つまり、女らしさを要求されることの束縛から逃れる場として、この競技が復活してきた様子がうかがえるのだ。

実際、これと符合する興味深い事実は、選手が偽名を使ってプレーしている点だ。プロレスのリングネームに似ているが(そこにプロレス的要素が残存しているといえるかもしれないが)、ローラーダービーに参加することは彼女たちにとってもう一人の自分になることなのだ。この競技には、日常生活の中では抑圧されている本来の自分を取り戻すという意味が込められているのである。

さらにこの競技の運営形態にも、アメリカのスポーツビジネスと一線を画そうとする傾向が見られる。統括組織は国境横断的に作られ、世界中の女性がこの競技を通じて交流・連帯しようとしている。また、女性による女性のための競技として一般市民が育てていこうという草の根的な手作り感が強い。その意味ではローラーダービーは、「観戦するスポーツ」というよりは、「するスポーツ」としての性格を強く打ち出しているといえる。それは、女性の身体が「観られる」存在であった、男性優位のアメリカのプロスポーツとは異なる世界を、女性自身が切り開いていこうとする予兆のようでもある。

先住インディアン、黒人、女性の三つの集団とアメリカのスポーツビジネスの関係から読み取れるのは、資本主義と民主主義の両立というアメリカ型競技の根底に流れる夢の実現に向けたバトンをプロスポーツが順調に引き継いでいるとは言い難い姿である。アメリカでは、スポーツ、民主主義、地域社会の三者が結びついてきた一方で、スポーツ、ビジネス、メディアの三つも結合してきた。これら二種類の連関のバランスをスポーツビジネスが見失うことは、アメリカのスポーツの持つ公共財としての長所を消し去り、アメリカ型競技理念に逆行する金ぴか時代的状況へと退行し、人為的集団統合というこの国の究極の目標からも遠ざかることになりかねない。スポーツビジネスは、商業主義につきまとう搾取の構造についてより強く自覚するとともに、ビジネス以上のものに自分たちが関与していることを忘れてはならないのである。

もはやスポーツビジネスは、この国に欠くことのできない娯楽を提供する立場にある。プロスポーツの能力主義や地域貢献・社会貢献は、この国を動かす重要な歯車にもなっている。それだけに、スポーツの動向を絶えず批判的に検証していく姿勢が、競技を運営する側にも、観る側にも、求められている。

第Ⅳ部　スポーツと社会の新たな共振

金ぴか時代へのトラウマと世直しへの希求を宿しながら骨格を整えたアメリカ型競技は、産業社会内部の様々な社会的要請と当初から結びついてきた。そして、その後のスポーツと社会との関係は、アメリカでは大きく二つの方向に分かれていった。一つは、スポーツが地域の公共財として民主主義と人為的集団統合を強化していく流れであり、もう一つは、スポーツが一大ビジネスとしてメディアと一体化しながら、商業的に繁栄しつつも同時に新たな搾取の構造を作り出していく流れであった。

近年のアメリカのスポーツで興味深いのは、こうした系譜とはやや異なる形でスポーツが現実の世界との新たな結びつき方を示し始めている点だ。ここでは、国際関係、テロ事件、公的世界の危機といった局面にスポーツがどのように顔を覗かせているかを見てみよう。

第10章 アメリカ型競技の孤立主義とパックス・アメリカーナ

1 アメリカのスポーツの国際感覚

マイナースポーツとしてのメジャーリーグ

文化的独立を目指したアメリカが、新たな競技を独自に作り上げようとしたのはある意味では当然であった。しかし、その結果誕生した野球、アメリカンフットボール、バスケットボールといったアメリカ型競技は、国内では他の競技を凌駕する人気を誇るものの、バスケットボールを除けば国際的には普及していない。アメリカ型競技の国内での発展に注力する一方、それらを世界中に普及させることにはアメリカはさほど関心を示してこなかった。メジャーリーグと呼ばれる大リーグとて、世界的に見ればマイナースポーツなのである。

国際化に逆行する孤立主義的傾向は、地域密着型のスポーツのあり方によってより強められてきた。アメリカではスポーツの試合が地域間の対抗試合という側面が強く、全米王者になることが重要な目標となりやすい。国際試合への関心自体を薄れさせ、全米一を決めることが最も重要であるかのように思わせる力学が、そこには作用してきたのである。

そもそも、地元チームへの愛着や地元チームが最強であってほしいという願望は、有力選手が他のチーム、まして海外に流出するのを好まない態度に通ずる。それゆえ、地域密着型スポーツは、地域住民内部の人為的集団統合の武器となる一方では、外部に対する排他的意識や、海外との互換性を拒絶する態度を作り出しかねないリスクとも背中合わせだったといえる。地元を絶対化するような発想がアメリカのスポーツ界に作用してきた結果、スポーツの国際化に対して消極的な風土も作られてきたのだ。

現にイチロー選手の日米通算安打数は、ピート・ローズの大リーグ記録（四二五六本）を超えているが、アメリカではイチローの記録を世界記録として積極的に認めようとする様子は見られない。この事実は、「大リーグこそが最高峰であり、国外のプロ野球とは互換性がない」という排他意識がいまだに強いことを物語っている。

こうして、地域密着型のアメリカのスポーツの副産物としての排他意識、あるいは海外との互換性の欠如は、スポーツの国際化に逆行するようなスポーツ孤立主義というべき風潮を作り出してきた。実際、アメリカ型競技の海外への浸透度の低さに呼応するかのように、アメリカのプロスポーツは、二〇世紀末に至るまで、外国人選手の加入に対して消極的だったのだ。

アメリカズカップとワールドシリーズ

ところが、こうしたスポーツ孤立主義が純然たる内向き志向といえるかは微妙だ。そのことは、スポーツイベントの名称にも表れている。

世界で最も有名なヨットレースは、アメリカズカップであろう。この名称は、一八五一年にイギリスで開催されたレースに参加したアメリカチームのヨット、アメリカ号に由来する。そして、優勝したアメリカ号が持ち帰ったカップを争う大会として続けられてきた。アメリカのヨットチームは、カップを奪われまいと他国の挑戦を長きにわたって退け、いつしかアメリカ号のカップはアメリカという国が死守すべきカップとしての意味を帯びていった。アメリカという頂点に世界が挑むという図式を表すようになったのだ。

アメリカすなわち世界の頂点であるという感覚は、大リーグの優勝決定戦の名称、ワールドシリーズにも見られる。他国の代表チームと試合をするわけではないのに、あたかも世界一を決めるかのようである。ちなみに、大学野球の全米一を決める戦いも、カレッジ・ワールド・シリーズと呼ばれている。

アメリカのスポーツにおける孤立主義は、外界との隔絶を標榜しているというよりは、むしろ自分こそが世界の中心であり、よそがどうであろうと自分が世界に合わせる必要はないという感覚に近い。だが、こうした感覚は決してスポーツに限ったことではない。アメリカは現在でもメートル法を採用していないほぼ唯一の大国だが、スポーツ孤立主義は、度量衡という単位の基本においてさえ見られるアメリカ独特の国際感覚の一形態なのである。

2　ポスト冷戦時代のプロスポーツの世界戦略

多国籍軍化するプロスポーツ

共産圏の崩壊に伴う冷戦の終結により、アメリカが唯一の超大国として生き残ったことは、こうしたアメリカ独特の国際感覚を活性化させたといえる。国際世論に無頓着な孤立主義と唯我独尊的なアメリカ第一主義がより強く結びついていった様子は、京都議定書からの離脱、イラク戦争からトランプ政権に至るまで、随所に痕跡を止めている。ここで興味深いのは、ポスト冷戦期の現実世界がアメリカ独特の国際感覚を後押しし始めたのとほぼ時を同じくして、アメリカのプロスポーツの多国籍軍化が加速した点である。

アメリカのプロスポーツがマイノリティを冷遇し、積極的に門戸を開いてきたとは言い難い歴史を持つことから考えれば、ある意味これは画期的ではある。しかし、一九九〇年代以降、アメリカのプロスポーツが外国人選手を積極的にスカウトしている背景には、アメリカ独特の国際感覚がスポーツビジネスをも染め抜いている様子が見てとれる。

冷戦の終結は、世界的な人とモノの移動にまつわる制約を取り除く効果があった。加えて、アメリカのプロスポーツは選手の年俸の高騰に頭を悩ませていた。しかも、アメリカで人気のある競技の場合、外国のプロリーグとの規模や格式の違いから、相応の能力の外国人選手を安く雇い入れることが可能だった。さらに外国人選手の導入は、アメリカのプロスポーツに対する関心を選手の出身国の間で高め、放映権やグッズの販売を通じて諸外国にビジネスチャンスを広げられる可能性を含んでいた。

コストの抑制と収益アップの一石二鳥にアメリカのプロスポーツが飛びついた結果、諸外国では選手の流出が起こった。日本のプロ野球でも、一九九五年の野茂英雄のドジャース入団を契機に、一流選手が次々と大リーグを目指し、その動きは韓国、台湾、オーストラリアにも広がった。ラテンアメリカ諸国出身の大リーグ選手も増加した。

外国人選手の増加は、NBAやNHLでも起こった。アメリカ以外にはバスケットボールのプロリーグがあまり発達していないことや、旧共産圏にはアイスホッケーの強豪国が多かったこともあって、アマチュアの外国人選手がアメリカのプロスポーツの競技水準と、祖国では望むべくもない高額な年俸（それとてアメリカのプロスポーツにとっては安上がりなのだが）に引き寄せられた。すでに大リーガーの約三分の一、NBAプレーヤーの約六分の一が外国人選手である。

大リーグのチーム編成は多国籍軍化したが、それは諸外国のプロリーグとの階層関係をより鮮明にした。あくまでも大リーグこそが世界最高峰であり、諸外国は大リーグの繁栄というアメリカの利益に協力する存在として組み込まれた。門戸開放という見かけ上の人材の多元化は、現実にはその競技におけるアメリカの支配体制の強化につながっているのだ。

こうした構図は、冷戦終結直後に勃発した一九九一年の湾岸戦争の際に組織された多国籍軍の姿と重なる。国連の合意の下で形式的には多国間の協力の上に成立しつつも、現実には米軍が主力となっていた多国籍軍は、多元主義を装った実質的なアメリカ中心主義を体現しており、その後の大リーグの多国籍軍の特徴と基本的に一致する。プロスポーツの門戸開放は、国際化のようでいて、実際には「アメリカこそが中心であり、アメリカのやりたいようにやらせてもらう」というスポーツ孤立主義をより強化しているのである。

野球の国際化とWBCの課題

冷戦の終結がアメリカ独特の国際感覚を活性化し、それを反映するスポーツ孤立主義がより巧妙さを増しているのではないかという懸念は、近年の野球の国際化にもつきまとっている。二〇〇六年から大リーグ機構（ＭＬＢ）と選手会が主催しているワールドベースボールクラシック（ＷＢＣ）にそれは顕著に表れている。

ＷＢＣの誕生の背景に、大リーグでの外国人選手の目覚ましい増加と活躍があったことは確かである。また、これを機に野球を世界的に普及させようと大リーグが考え、それまでプロ選手が参加する真の意味でのワールドカップが野球界には存在しなかった状況を是正しようと考えたのも間違いない。だが、スタート時点でのＷＢＣは、国際大会としては数多くの問題を抱えていた。

まず、開催時期がシーズン開幕直前の三月に設定されたため、現役大リーガーの多くが参加を辞退した。開幕前にピークを持っていくように調整するのは、高額の年俸で所属チームと契約している彼らには気が進まなかった。シーズンで調子を落としたり、ＷＢＣでけがをしてしまえば、年俸に響きかねないからだ。ＷＢＣの一次ラウンドはアメリカ以外の場所で行われたが、それ以降はアメリカで行われ、日程的にもアメリカに有利だったにもかかわらず、アメリカ代表はメジャーリーグオールスターとは程遠い陣容となった。

さらに、審判の大半がアメリカのマイナーリーグの審判で占められ、二次ラウンドでの日本対アメリカの試合でも、球審をアメリカ人が務めた。サッカーの国際試合では、判定の公平性を担保するために、対戦国以外から審判団を出すのが恒例だが、国際試合では当たり前の慣行すら守られていなかったのだ。実際、この試合の球審ボブ・デイヴィッドソンが、プレーを一番近くで見ていた塁審の判定を覆して日本側に不利な判定を下したのをご記憶の方も多いだろう。

ＷＢＣは、中立的な審判団の下、真剣勝負で真の世界一を決めるというコンセプトからはかけ離れていた。そもそも、特定の国のプロスポーツリーグとその選手会が世界大会を仕切るという構図そのものがいびつだ。収益の配分をめぐっても、ＷＢＣは当初から大リーグ側と諸外国との間で対立が絶えなかった。野球という競技を本当に国際化したいのなら、大会運営を国際基準に近づける努力がもっと必要だったはずだ。それが半ば放棄された形での開催は、大リーグがさらに外国人選手を発掘するためのイベントなのかと疑われても致し方なかろう。

その後のＷＢＣではいくつかの改革が行われているが、依然として準決勝以降はアメリカ開催で、大リーグ所属の外国人選手が出身国に分かれて戦う、シーズン開幕前のプレ大会のコンセプトが強い。あくまでも大リーグを頂点とする秩序を前提に、その都合を最優先させる中で開催される国際試合は、アメリカ独特の国際感覚の域を出るものとはいえまい。

NFLのヨーロッパ進出と撤退

外国人選手への門戸開放は、アメリカのプロスポーツが有能な人材を諸外国から輸入し、他国のプロスポーツをアメリカを頂点とする秩序に組み込む効果を発揮しただけではない。逆に、アメリカのプロスポーツが他国のプロスポーツ市場に直接参入するという現象も起きた。スポーツビジネスによる、プロスポーツの輸出が始まったのだ。

外国人選手を導入すると、その出身国でアメリカのプロスポーツへの関心が高まり、スポーツビジネスが新たなマーケットを開拓できる。実際NBAは、この手法で一九八〇年代に普及した衛星放送を活用して世界各国に試合を配信し、放映権収入とともに新たに海外のファンを掘り起こすことに成功した。だが、ある意味ではこれ以上に斬新な戦略に打って出たのがNFLだ。NFLは、一九九五年にヨーロッパ四ヵ国（イギリス、ドイツ、オランダ、スペイン）に本拠を置く六チームからなる新たなリーグを作り、後にNFLヨーロッパと名づけた。選手の育成、競技の国際化、新たな市場開拓の三つを一挙に行う野心的な試みだった。

それまで野球とアメリカンフットボールで決定的に違っていた点は、選手の育成方法であった。大リーグの下には、ルーキーリーグから始まって1A、2A、3Aと上っていくマイナーリーグがレベル別に組織されていて、選手の育成過程が整備されている。チームによっては、海外にアカデミーと称する選手の養成所を開設し、地元の若い才能を直接発掘している球団もある。一方、アメリカンフットボールには、マイナーリーグに相当するものがなかった。その結果、NFLは、外国人選手を獲得しにくい状況にあった。外国出身の選手が二軍で力をつけてデビューするというルートがそもそもなかった上、実力が未知数の外国人選手をドラフトすることも通常は考えにくいからだ。

NFLヨーロッパのシーズンは、レギュラーシーズンと重ならない四月から六月に設定され、NFLの若手選手が各チームから派遣された。これは試合の質を担保しつつ、若手に出場機会を与えるためだった。現に、後にセントルイス・ラムズのクォーターバックとしてスーパーボウルを制覇することになるカート・ウォーナーも、NFLヨーロッパで経験を積んでいる。加えて、外国人選手にもトライアウト（入団テスト）の機会が与えられた。実際に日本人選手も数名が合格し、NFLヨーロッパでプレーした。またNFLは、いくつかのルール変更の実験をここで行い、経過観察の場としても利用した。

それまでアメリカンフットボールに必ずしもなじみのなかった地域であったにもかかわらず、NFLヨーロッパは一定の人気を博し、競技の国際化や市場開拓にプラスの面があったのは確かだ。だがNFLヨーロッパは、二〇〇七年のシーズン終了とともに解散した。単年度当たりの赤字は三〇億円程度といわれ、決して収益を生み出すことはできなかった。

NFLヨーロッパの挫折の背景にはいくつかの要因が指摘できよう。まず、必ずしも地元や自国の選手が多く出場していないチームの試合という、商品としてのアピール度が低かったことがある、加えて、アメリカのプロスポーツでは当たり前の地元密着型の公共財モデルが採用されていなかった点がある。各チームにオーナーはおらず、リーグ本部が統括する運営形式だったため、自分たちのチームという感覚を地元に浸透させることができなかったのである。また、選手の育成に関しても、アメリカ国内のキャンプを充実させた方が効率的だという意見を覆すには至らなかった。

結局のところ、NFLのヨーロッパ進出は、決してヨーロッパのためのものではなく、この競技の普及と門戸開放に名を借りた、スポーツ植民地主義的な実験台の殻を破ることはできなかった。二軍レベルの試合をヨーロッパに輸出し、市場開拓をしながらあわよくばいい人材を発掘しようという思惑は、NFLを頂点とするアメリカンフットボールの秩序を強化しこそすれ、この競技の真の国際化とは似て非なるものといわざるを得ない。野球同様、アメリカンフットボールも、真の世界一を決めるような、サッカーのワールドカップに相当するような国際大会を開けるには至っていない。

アメリカが求めるグローバル化の正体

資本主義対共産主義というイデオロギー対立の終焉に伴うポスト冷戦時代の幕開けは、グローバル化に拍車をかけた。だが、唯一の超大国として生き残ったアメリカは、アメリカの「一人勝ち」的状況にものをいわせて、なりふり構わぬ行動も辞さなかった。

それに呼応するかのように、アメリカのプロスポーツも、門戸開放と市場開拓という対外戦略に打って出たが、そこにはアメリカを頂点とする競技体制を標榜するスポーツ孤立主義というもう一つの顔があった。結局アメリカのスポーツビジネスは、真の意味でのアメリカ型競技の普及や国際化を望まず、むしろ、世界的にはマイナーな競技のまま、その競技ではアメリカが頂点に君臨し続けられることを望んでいるように見える。アメリカのプロスポーツの国際化は、植民地主義的で一方通行的傾向を持つものであり、国境横断的互換性を軽視するスポーツ孤立主義の排他意識から完全には脱却できていないのである。

とすれば、外国人選手の登用も、黒人選手が国家の体面を保つために利用された系譜に連なるような、能力主義による選手の使い捨てに通ずるといえないだろうか。またそれは、ナイキ社の事例のように、諸外国の安い労働力を利用して収益を上げる図式とも重なるのではあるまいか。プロスポーツの「国際化」は、こうしたアメリカのスポーツがすでに刻んできた負の歴史を外国人選手へと拡大再生産している形跡が認められる。

締め出されてきた選手に活躍の機会ができたという意味では、ジムクロウの廃絶と同様に、外国人選手への門戸開放も喜ぶべき面は当然あるし、日本人選手が往年の名選手たちに交じって大リーグでプレーする姿は、確かに夢が現実になった感はある。だが、ここでも能力主義の皮肉な側面が作用していることを忘れてはならないだろう。能力のある者には機会が与えられるが、それは使い捨てられていくリスクと背中合わせであり、他方ではそれは能力のない者を序列化することを正当化しかねないのだ。

冷戦の終結を機に多元化した世界の下で対等なパートナーシップが育まれていくのではないかという期待は、次第に遠のきつつある。唯一の超大国がグローバル化をアメリカ中心の秩序へと骨抜きにしようとする傾向は、多国籍軍を隠れ蓑にしたスポーツ孤立主義と手を携えているといえる。冷戦時代まで、スポーツの国際化は、アメリカ国内のスポーツが体現していた民主主義の不完全さに対する外圧としての意味を持っていた。ジャック・ジョンソンに遡るボクシングの国際化やジェシー・オーエンズに始まるオリンピックにおける国家の体面の問題は、少なくともアメリカが自国の理想と現実の矛盾を直視せざるを得ない状況を作り出すことには貢献した。だが、唯一の超大国に対する外圧の効き目はもはや限定的だ。そうした状況の下、プロスポーツがポスト冷戦時代のアメリカの対外戦略ともシンクロするという新たな時代を迎えているのである。

第11章　記憶装置としてのスポーツイベント

1　スポーツの民主化と記憶の民主化

ボストンマラソンテロ事件をめぐる顕彰行為

ポスト冷戦時代のアメリカのプロスポーツは、唯一の超大国の「一人勝ち」的状況を失うまいとするアメリカの対外的立場に呼応するかのように、国際化をスポーツ孤立主義の枠内に押しとどめることによって、アメリカのプロスポーツの優位を維持する姿勢を強めた。一方でアメリカのスポーツは、国内の新たな変化とも接点を持ち始めた形跡が見られる。従来からの人種差別や性差別への抗議に加え、近年のアメリカ社会では、記憶の民主化をめぐる圧力が高まりつつある。それは、無名の人々に対する社会的認知を求める動きであり、かねてから民主主義の発現する場としての意味を担ってきたアメリカのスポーツは、こうした新たな民主化の潮流とも結びつき始めた。それを象徴していたのが、スポーツイベントがテロの標的となった、ボストンマラソンテロ事件をめぐる顕彰行為であった。

二〇一三年四月一五日、アメリカで最も歴史の古い市民マラソン、ボストンマラソンのゴール近くに仕掛けられた爆弾が二ヵ所で相次いで爆発し、三名の死者を含む多数の負傷者が出た。足を切断せざるを得なかった人は一六人にも及んだ。この無差別テロは、容疑者としてアメリカへの複雑な移住の背景を持つチェチェン系イスラム教徒が逮捕されたこともあって、二〇〇一年の同時多発テロ事件以来続く「テロとの戦い」の日々に新たな緊張状態を作り出すものだった。

爆発現場近くに警察が設置したフェンス沿いには、事件直後から供え物が置かれるようになっていった。それらは、国旗からぬいぐるみ、野球帽からプラカードに至るまで多岐にわたり、いわば思い思いの品が持ち込まれた形であったが、次第にある種類の供え物がこの自然発生的なメモリアルの大きな特徴になっていった。それは、このマラソンの参加者たちが犠牲者を悼んで残していった、ランナーのアイデンティティの一部というべき数百足にも及ぶ靴だった。それらは靴紐によって結びつけられ、連帯の意志を表現する巨大な塊と化していった。

しかし恒久的な構造物と異なり、風雨にさらされると傷みが激しいものから構成されていたため、市当局と犠牲者や遺族との話し合いの結果、メモリアルは撤去された。その後、民間の協力の下、倉庫に保管され、その一部は事件から一周年を機に約一ヵ月間ボストン公共図書館に展示されたが、当初のメモリアルはもはや写真でしか見ることができない。だが、ボストン市民がこの事件をすぐに忘れてしまったわけではない。事件の記憶は、メモリアルとは別の方法でその後繰り返し公共の場で呼び起こされるようになっていく。その重要なチャンネルとなったものこそ、スポーツイベントであった。

例えば、プロアイスホッケーのNHLに所属するボストン・ブルーインズは、事件の六日後の日曜日に行われたホームゲームの終了後に、負傷者の救出や治療に当たった警官や消防士、医療関係者など二六名をリンクに招き入れ、その功績を称えるセレモニーを行った。また、大リーグのボストン・レッドソックスは、事件で左足を切断する手術を受けたヘザー・アボットが退院した五月一一日のホームゲームで、ロードアイランド州の自宅へ帰る途中のアボットを招待し、彼女は大観衆の前で始球式を行った。

その後プレーオフに進出したレッドソックスは、

11－1　ボストンマラソンのメモリアル　ボストンマラソンテロ事件１周年を記念して、ボストン公共図書館では、保存されているメモリアルが部分的に展示された。写真はメモリアルを形作っていたランナーたちの靴の一部

一〇月一三日にボストンで行われたアメリカン・リーグの優勝決定シリーズ第二戦に、ジェーン・リチャードを招待した。彼女は事件で死亡した当時八歳のマーティン・リチャードの妹で、事件で足を切断せざるを得なくなった犠牲者としては最年少だった。彼女は、試合前の国歌斉唱の際に子供たちの聖歌隊とともにグラウンド上で国歌を斉唱した。結果的にレッドソックスはワールドシリーズを制覇するのだが、レッドソックスの快進撃とテロ事件の悲劇をボストンが乗り越えることとは、いつしか表裏一体となり、ただならぬ興奮をこの街にもたらしたのだった。

記憶の民主化とメモリアルブームの背景

ボストンマラソンテロ事件の直後から自然発生的に現場近くにメモリアルが作られていった経緯は、現代アメリカが一種のメモリアルブームの最中にあることを物語っている。理不尽な形で社会から葬り去られた人々に対する記憶の風化を阻止し、連帯の気持ちを公共の場で表現しようとする力学が、昨今のアメリカ社会には強く作用しているのだ。何を記憶すべきかを一般市民の目線で判断し、自らその営みに参加し、社会にその認知を求めようとする点で、これは記憶の民主化といってよい。

こうした潮流を押し上げた要因の一つは、現代アメリカで無名の市民の悲劇的な死が大規模な形で繰り返されてきたことにある。ベトナム戦争（六万人近くが死亡）、一九九五年のオクラホマシティ連邦ビル爆破（一六八人が死亡）や二〇〇一年の同時多発テロ（二八〇〇人以上が死亡）といった事件は、犠牲者や遺族の心情を公的世界が無視できなくなる状況を作り出した。無名の市民の生きた証を公的世界に刻みつけるための、何らかの構造物が求められるようになったのである。

実際、一般市民の側のメモリアル建設に向けた動きが行政や地域住民を動かす形で、一九八二年には首都ワシントンDCにベトナム戦没者追悼記念碑、二〇〇〇年にはオクラホマシティ・ナショナル・メモリアル、二〇一一年にはワールド・トレード・センターの跡地に九一一メモリアルが作られているが、どの追悼施設でも犠牲者全員の名前が刻まれている。従来の記念碑といえば、国家的な偉業や偉人を称えるものが多いが、記憶の民主化の動きは、悲劇に見舞われた無名の一般市民が公的な場所で人々の記憶の中に生き続けることを求めているのである。

メモリアル建設ラッシュのもう一つの要因は、アメリカで進行中の人口構成の変化だ。一九八〇年代に急増した中南米からのヒスパニックと呼ばれる人々は、いまやアメリカの総人口の一五％以上に達し、最大のマイノリティだった黒人（約一二％）を上回っている。従来数的優位を保ってきたワスプ（イギリス系白人プロテスタント）の間では出生率が鈍化しており、ヒスパニックやアジア系の出生率が高いことを考えると、二一世紀半ばにはワスプが総人口の過半数を割ることがほぼ確実だ。つまり、アメリカはマイノリティの総計が過半数を占め、絶対多数を占める民族集団が消滅する日に向かっているのだ。

理不尽にも社会の表舞台から葬り去られたという立場は、戦争やテロ事件の犠牲者だけでなく、差別にあえいできたマイノリティにも当てはまる。数的存在感を増しつつあるマイノリティの側は、ワスプ中心主義的な歴史観の下ではほとんど公に語られることのなかった、自分たちの過去を承認するよう求める圧力を強めてきている。それは、史跡保存や博物館展示のあり方に影響を与えるとともに、マイノリティ関連のメモリアルを新たに建設する原動力となっている。首都ワシントンDCに建設された、人種的偏見をはねのけて多大な犠牲を払いながら第二次世界大戦の勝利に貢献した日系人部隊を顕彰するメモリアルや、ホロコーストのトラウマを抱えたままアメリカに逃れてきたにもかかわらず差別を受け続けたユダヤ系移民によってアメリカ各地に作られた、ホロコーストの犠牲者のための追悼施設は、マイノリティの側の記憶を公的世界がもはや無視できなくなってきている様子を物語っている。

こうしたメモリアルの建設は、社会が何を記憶すべきかをめぐる判断基準をワスプ中心主義的歴史観からマイノリティが奪い返そうとする発想を体現している。それは、弱い立場に置かれた一般市民が記憶の番人になろうとする点で、ベトナム戦没者追悼記念碑以来のもう一つの潮流と基本的方向性で一致している。繰り返される悲劇的事件とマイノリティの存在感の高まりが、現代アメリカの記憶の民主化とメモリアルブームを押し上げているのである。

メモリアルを代替するスポーツイベントのセレモニー

戦争や暴力の被害者もマイノリティも、ともにアメリカが関わった悲劇的歴史の犠牲者だ。とすれば、無名の市民の生きた証を忘却から救う記憶の民主化の作業は、共同体の傷を癒すためにも、将来の人口構成の変化に向けてワスプ中心主義を修正していくためにも、アメリカ社会が積極的に取り組まねばならない作業といえる。

だが恒久的なメモリアルの建設には費用と時間がかかる。ボストンマラソンテロ事件で興味深いのは、一般市民の手で自然発生的に作られた急ごしらえのメモリアルに代わる機能を、スポーツイベントが引き継いでいる形跡が見られる点だ。それは、スポーツイベントが、メモリアルの持つ記憶装置としての機能を肩代わりし、連帯の意志を表明する機会を提供するという、新たな役割を担いつつある様子を映し出している。

そもそもアメリカのスポーツは、地域の公共財として発展してきた歴史を持ち、民主主義と人為的集団統合を深化させる機能を備えている。それゆえ、ホームゲームは、しばしば地域の一体感を演出する場ともなってきた。テレビ中継を見ているだけではわかりにくいのだが、実際に会場に足を運んでみると、ちょうどテレビ中継ではコマーシャルの時間になっているような場面、例えば野球のイニングの変わり目とか、アメリカンフットボールの各クォーターの終了時などには、地域で活躍している人をグラウンド上に招待し、巨大なスクリーンで一人ずつ紹介して、オーディオ・ヴィジュアルなプレゼンテーションの中、大観衆が拍手とともにその功績を称えるといったことがよく行われている。典型的なのは、警察官や消防士、軍人など、地域の安全を守る人々や、教育や社会福祉に貢献しているボランティアや財団関係者などが紹介されるケースである。通常ではスポットライトを浴びる可能性が少ない、普段から地道に地域を支えている人々に対して晴れの舞台を提供し、感謝を捧げようというコンセプトが強いといえる。

事件後のボストンでブルーインズやレッドソックスが行ったセレモニーは、普段からプロチームのホームゲームで行われているこの種の演出の延長線上のものであり、特別目新しいものではない。同時多発テロ事件直後にもこの種のセレモニーはよく見られた。数万人の前で行われるこうした演出は、関係者との時間を共有することによって事件と観客自身を直結し、事件の記憶をあらためて可視化し体感する意味を持つ。そこには、メモリアルという構造物とは異なるやり方で、公共の場と個人の双方に記憶を刻みつけ、共同体の連帯を再確認する方法があり得ることが示唆されている。実際、記憶の民主化のチャンネルとしての機能をスポーツイベントが果たしていこうとする傾向は、アメリカのスポーツ界における新たな試みへと広がりを見せているのである。

2　スポーツを通じての過去の体感と共同体の再生

ジャッキー・ロビンソン・デイ

セレモニーの要素を備えているスポーツイベントは、潜在的にメモリアルと類似の機能を果たしうるといえる。それは、公共の場で多数の人間が同時に「過去を体感すること」を可能にし、人々の連帯の意志を確認する場となりうる。何を記憶すべきかをめぐって人々に大きな影響を与える可能性を秘めているのだ。こうした機能を記憶の民主化に資するように活用しようという発想がすでにスポーツイベントに定着している顕著な事例の一つは、大リーグが行っている、ジャッキー・ロビンソン・デイである。

一九九七年、黒人初の大リーガーとなったジャッキー・ロビンソンのデビュー五〇周年を記念して大リーグは、彼の背番号四二を全チームで永久欠番にするとともに、二〇〇四年には彼が最初に大リーグの試合に登場した四月一五日をジャッキー・ロビンソン・デイと定めた。当日試合が行われる全球場でこれを記念したセレモニーが行われるようになり、二〇〇九年からは、ベンチ入りする両軍の選手全員が、この日だけは背番号四二をつけるようになった。

この演出は、ロビンソンの偉業を称えるだけでなく、人種隔離という不幸な過去を野球という競技も背負っていることをあらためて可視化する効果を持っている。全員が背番号四二をつけるという行為は、大リーグでプレーするのを待ちわびながらも人種の壁に阻まれていた黒人選手が他のポジションにもいたことを暗示する。それは、そうした無名の黒人選手たちの果たされなかった夢に思いをはせ、それに報いることが、野球の未来さらにはアメリカの未来の礎になることを人々の心に刻み込む。ジャッキー・ロビンソン・デイは、アメリカが忘れてはならない記憶とは何かを提示し、悲劇的歴史の犠牲者たちに連帯の意志を表明する場をスポーツ自らが打ち出したものであり、記憶の民主化にスポーツイベントが関わっていく際の一つのモデルがここには示されているといえるだろう。

オクラホマシティ・メモリアル・マラソン

ジャッキー・ロビンソン・デイでは、人々は観客という立場でセレモニー的要素を通じて過去を追体験し連帯の意志を確認する。これに対し、競技に直接参加してもらうという趣向を取り入れたイベントも登場してきた。

例えば、オクラホマシティ連邦ビル爆破事件の後、メモリアルが建設された翌年の二〇〇一年からオクラホマシティ・メモリアル・マラソンという行事が新たにスタートしている。オクラホマシティでは、メモリアルの運営のための資金集めと、事件の記憶を風化させないことを目的として、事件が起こった四月に毎年市民マラソン大会を開催するようになった。参加者たちは、犠牲者一人一人のために用意された一六八のバナーが設置された現場周辺のコースを数時間かけて走ることで、犠牲者を追悼し、連帯の意志を表現する。当初は五〇〇〇人程度であった参加者数は、いまや二万五〇〇〇人までになり、アメリカでは一生の内に走るべき一二のマラソン大会の一つといわれるまでのイベントになっている。

このイベントでは、フルマラソンの他に、ハーフマラソンや子供向けなど数種類の種目が用意され、一般市民が参加しやすい工夫がされている。参加者は、チャリティに貢献しながら、事件の記憶を風化させない営みに自らプレーヤーとして関わることで、この事件に対する新たな当事者意識を獲得していく。「観戦するスポーツ」のみならず、「するスポーツ」という次元においても、スポーツイベントは記憶の民主化と結びつきつつある。

誰もが集うことのできるスポーツイベントは、当事者や事件現場と時空を共有することで、記憶の社会的承認のためのオープンな場としての機能を発揮し始めている。そこには、地域の公共財として発展してきた歴史を持つアメリカのスポーツが、弱者に寄り添い、公的世界に新たな形で貢献できる可能性が広がっている。無名の市民を襲った悲劇は、スポーツイベントを通じて、一般市民の記憶の中へと刻まれつつある。悲劇的過去の体感から共同体の再生へという道筋をスポーツイベントがサポートしていくという形で、スポーツはアメリカ社会の新たな社会的要請に応えようとしているのである。

第12章　トランプ現象とプロレス

1　シンクロする仮想現実と政治

金ぴか時代の再来とプロレスのリバイバル

スポーツイベントが記憶の民主化をサポートする新たなチャンネルとしての機能を帯び始めたことは、民主主義にスポーツが関わっていく伝統の新たな段階を示している。しかし、アメリカ型競技が関与してきたもう一方の相手である資本主義には、異変が起きている。現代アメリカは、弱肉強食的な金ぴか時代的状況に逆戻りしつつあるのである。

一九八〇年代の共和党レーガン政権は、ベトナム戦争で傾いたアメリカ経済を立て直そうと、減税と規制緩和によって民営化を推進し、新規ビジネスの発展を促した。このレーガノミクスの効果は、一九九〇年代のIT産業の興隆へとつながったが、同時に貧富の差を拡大した。IT社会を支える高学歴の技術者や専門職は、高収入と減税の恩恵を得た。それに対し、IT化は中産階級以下の職種では人減らしの効果を持った。新興国の追い上げによって価格競争を余儀なくされた製造業が工場を労働力の安い海外に移転し産業の空洞化が起こったことや、減税による福祉の削減も重なって、多くの人が失業と貧困の危機に直面することになった。

その結果、現在のアメリカでは、所得上位数％が国の富の八割以上を握り、人口の約一割が貧困ライン以下の生活水準を余儀なくされるようになった。このような超格差社会は、一九世紀後半の金ぴか時代以来である。アメリカ型競技は、自由放任主義の暴走が富の偏在を招いた金ぴか時代への反省に立ち、民主主義と資本主義の両立を目指そうとした規制と改革の時代の精神と強く結びついてきた。それを考えると、金ぴか時代的格差社会へと逆戻りしつつある現代アメリカの状況は、アメリカ型競技の精神が脅かされかねないことを物語っている。実際、アメリカ型競技の精神とは対極にあるようなスポーツイベントが、現代アメリカでは復活してきた。プロレスである。

各地を巡業するプロレスの興行スタイルの重要な起源は、一九世紀後半にサーカス団に加わっていたカーニバル・レスラーたちにあるといわれている。彼らは模範試合を演じたり、観客の挑戦を受けたりして稼いでいた。やがてこの種のショウは単独で行われるようになるが、真剣勝負というよりは見世物として観客の心を摑むというプロレスの特徴は、アメリカではすでに一九三〇年代に固まっていた。だが、プロモーター間の軋轢《あつれき》や裏切りなどから、プロレス団体は離合集散を繰り返し、二〇世紀の間プロレス人気は上昇と下降を行き来した。

ところが、混沌としていたプロレス界の天下統一を目論む野心家プロモーターが登場する。東部を拠点とするWWWF（World Wide Wrestling Association）を旗揚げし、後にWWF（Wideを外して）へと改称したヴィンセント・J・マクマーンと、それを引き継ぎ、二〇〇二年にWWE（World Wrestling Entertainment）へと改称した息子のヴィンセント・K・マクマーンだ。便宜的にここでは彼をマクマーン・ジュニアと呼ぶことにする。

マクマーン親子の成功の要因は、国内のライバル団体を弱体化させながら自らの団体の縄張りや権益を強化する仁義なき戦いを繰り広げてきた部分によるところもあるが、プロレスは競技ではなく娯楽だと割り切り、その演出に新機軸を打ち出してきたことが大きい。とりわけ、マクマーン・ジュニアが確立したWWEのスタイルは、この団体の一人勝ち的状況を作り出すとともに、観客が毎回一万人もつめかけるイベントへと発展させ、アメリカのプロレス史上かつてない黄金時代を手繰り寄せた。

WWEの構成要素

WWEが提供する娯楽はどのような特徴を備えているのか。ここではいくつかの観点に分けて考えてみたい。

まず、マクマーン・ジュニアが追求してきた娯楽性は、ハードコア路線というべき傾向に顕著だ。通常のルールを超えたデスマッチ的な趣向を積極的に取り入れ、いわば何でもありの無法地帯を楽しむ感覚を強化したのだ。公的秩序を転倒させることへの快感は、通常の試合でも、場外乱闘や凶器の使用、当該選手以外の加勢などの歪んだ勝利至上主義によって助長される。理不尽な状況で試合を強制されたり、度を越したパフォーマンスによって選手が実際に大けがを負うこともあるほどだ。

もう一つの特徴は、誇張された演出があらゆる面に及んでいることだ。プロレスでは選手を善玉(フェイス)と悪玉(ヒール)に分ける手法が伝統的にとられてきたが、WWEはそれに加えて選手の個性の強調と選手間や軍団間の確執を煽《あお》るような演出を数多く組み込んでいる。選手入場の際には会場内に花火が打ち上げられ、大型スクリーンに映し出された選手は鮮やかな照明が降り注ぐ中、派手な衣装で入場する。高級車でリングまで乗りつけるといったこともある。また、選手はしばしばリング上でマイクを握り、自分こそが最強だとひけらかし、他のレスラーや時には観客まで挑発・罵倒する。人気レスラーがマイクを握れば観客が熱狂し、嫌われ者のレスラーなら会場全体がブーイングの嵐となる。挑発に乗ったレスラーが乱入し、乱闘になることも珍しくない。いずれにしろ、場を盛り上げ、観客を引き込む話術がレスラーには求められるので、かなりの役者的素養が必要だ。

こうした誇張された演出の延長線上にあるのが、公私の境界線の曖昧化である。スポーツイベントの場合、チームの経営者や試合の主催者は表に出ないのが普通である。ところがWWEでは、マクマーン・ジュニア自身のみならず、彼の右腕となっている娘のステファニーや息子のシェイン（三人とも選手としての経歴もある）がリング上で頻繁にマイクを握る。しかも、この三人の間には家族内の確執がある（という設定になっている）。マクマーン・ジュニアは半ば暴君のように振る舞い、負けたらクビといった理不尽な要求を選手につきつける。お気に入りの娘ステファニーも権力を笠に着るタイプなので、二人とも嫌われ役だが、二人との確執を抱えるシェインには、観客の同情が集まるといった具合だ。つまり、マクマーン家の確執というプライベートな部分さえもが場を盛り上げる演出として動員され、公の場に露出されるのだ。こうした公私の境界線の曖昧化と符合するかのように、男女混合団体のWWEでは男子選手と女子選手がいわば職場結婚に至ることが珍しくなく、そうした選手間の恋愛関係もが演出のネタになることもある。現にステファニーの夫も、レスラーのHHH（トリプルエイチ）である。

WWEを構成する要素は、プロレス一般に多かれ少なかれ見られなくはない。とはいえ、フェアプレーという看板をあっさりとひっこめ、大丈夫なのかと思うほどに体を張り、プライベートな部分までをも誇張された演出のために投入するという、「そこまでやるの？」というリングの内外とも一線を越えたような開き直った姿勢において、WWEは傑出しているといえるだろう。

WWEとトランプの言動の共通点

ここで興味深いのは、二〇一六年の大統領選挙で当選したドナルド・トランプは、WWEと少なからぬ縁があるという点だ。不動産王のトランプは、プロレス好きで、マクマーン・ジュニアとも親交があり、WWEの前身のまだWWFの時代から、レッスルマニアというイベントに数回ゲスト出演している。レッスルマニアは現在でもWWE最大のイベントで、通常の放送枠では流されず、ケーブルテレビのPPV方式（ペイ・パー・ビュー、その番組を視聴するためだけに特別の料金を払う）の代表的コンテンツとして、WWEのドル箱となっている。ちなみに、WWEの経営にも関与していた、マクマーン・ジュニアの妻リンダは、トランプ政権の中小企業庁長官に抜擢された。

現にトランプの言動には、WWE的世界を彷彿させる部分が少なくない。選挙戦中のヒラリー・クリントンとのテレビ討論会では、メール問題で噛《か》みつき、「お前は監獄行きだ」という捨てゼリフを吐いたが、公の場で求められる礼節を無視した口調は、むしろレスラーがリング上で相手を挑発する際のものの言い方に近い。また、大統領就任式への参加者がオバマの時よりも少なかったと写真付きで報道された際には、「そんなことはない、実際には自分の方が多い」と反論したが、メディアに対する大人げない態度も、プロレスラーが我こそナンバーワンなりとアピールする姿を彷彿させる。現にトランプは、レスラーに見立てたＣＮＮ記者を殴りつける動画も投稿した。さしたる成果を上げられず、支持率も史上最低水準なのに、トランプは自画自賛を繰り返したが、これなども、観客のブーイングにお構いなしに自己顕示欲の塊のようにリング上でマイクを握るプロレスラーの姿と重なる。娘のイバンカや娘婿のクシュナーを参謀として寵愛《ちょうあい》する姿も、同族経営たるＷＷＥに通ずる。

12－1　2007年のレッスルマニア　WWE会長を丸刈りにするトランプ氏

そもそも、トランプの政権運営には、それまでの公的秩序を転倒させることへの快感がつきまとっているように思える。外国人の入国をめぐる突然のルール変更となった大統領令（裁判所が差し止め）、オバマ政権の成果である公的医療保険改革の撤回（議会の反対で断念）、ＴＰＰからの撤退、ロシアとトランプ政権との癒着を調査していたＦＢＩのコミー長官の突然の解任、地球温暖化対策の指針となるパリ協定からの離脱など、就任後わずか半年あまりの間に彼は衝撃的な選択を次々に発表したが、選挙戦での公約を守ろうとする姿勢をアピールしたかったにしては、いずれも十分な代替案や混乱への対応が準備された上でのことではなかった。むしろそこには、禁じ手というべき手段に訴えてでも、とにかく既存の秩序を破壊し、公的世界を混乱させること自体が目的化していた感が否めない。それはまさにエンターテインメントとしてのＷＷＥが体現する「そこまでやるの？」という感覚を、現実の政治の世界へと持ち込む部分があったといえるだろう。

だが、ＷＷＥの仮想現実には、公的秩序が最終的には救済される筋書きがあるからこそ、観客もそれを楽しめるのである。公的秩序が完全に破壊されてしまえば、それを繰り返し危機に陥れて楽しむこと自体が不可能になる。一方の現実の世界では、公的秩序を混乱させると、それを元通りに修復するのは決して簡単ではない。リング上で演技として他者を罵倒することと、公衆の面前で相手を誹謗《ひぼう》することとは、わけが違うのだ。トランプの言動は、プロレス的感覚と現実感覚の境界線の麻痺を象徴している。金ぴか時代的傾向へと現代アメリカが逆戻りする中、規制と改革の時代の精神とは対極にあるようなプロレス的要素が、アメリカの政治の中枢に入り込み、現実の世界の公的秩序が揺らぎ始めたのである。

2　公的世界の危機とスポーツ

SNS時代の到来と曖昧化する公私の境界

しかしながら、現代アメリカにおける公的世界の危機は、プロレスという仮想現実の世界において公的秩序を転倒させる娯楽を追求してきたマクマーン・ジュニアと、それを現実の政治へと接ぎ木したトランプの個人的資質が原因のすべてというわけではない。むしろ、この流れとシンクロするような現象が現実の社会の別の領域で同時に進行していることが、事態を悪化させているように思える。

例えば、現代社会における仮想現実は、決してプロレスだけではない。IT革命によってもたらされたサイバースペースがバーチャルな空間となって氾濫している。そのサイバースペースは、フェイスブックやツイッターなどのSNSという新たなコミュニケーション手段を生み出した。

SNSは、個人が自らの意見を発信し、見ず知らずの人とも連帯できる可能性を広げた一方、特にツイッターの場合、本来なら独り言として他人の耳には届かないであろう、面と向かっては他人に言えないような、私的な発言までもがサイバースペースという公共の場に垂れ流される事態をも招いた。それは、公的世界と私的領域の境界線を曖昧にしながら、私的領域に限定されるべき言い回しと公的な場での発言のあり方そのものの区分を不明確にしてきている。記者会見という公式のルートを迂回してツイッターを多用するトランプのやり方も、これに拍車をかけているといえよう。公的世界の危機は、公的世界と私的領域との境界線を曖昧化する力学が情報化社会全般に作用していることによっても助長されているのである。

監視社会と格差社会が助長する自己中心主義

公的秩序の危機は、それを維持する努力が弱体化しつつあることをも暗示する。公的世界とは、本来は市民の協力によって支えられるものだ。だが、一般市民にその余裕がなくなれば、公的世界は衰退を余儀なくされる。実際、現代アメリカでは、人々を自己中心主義へと走らせ、公的世界よりも自己防衛を優先せざるを得なくなるような事態が進行しつつある。

一つは監視社会化である。同時多発テロ事件以降、アメリカはテロ対策強化のために愛国者法を制定した。国家による捜査権限や通信の傍受を大幅に緩和し、不審者に対する情報提供を奨励して、疑わしい人物の早期摘発に乗り出したのだ。国家による個人の私生活の監視が人々の想像を超えた域にまで達していることは、CIAで監視システムの設計に携わっていたエドワード・スノーデンの告発によって暴露された。こうした監視社会は、相互の信頼よりも他者への不信や恐怖に根差しており、協力して公的世界の秩序を守ろうという意欲そのものを減退させかねない。知らない間に些細なことからブラックリストに載せられ、危険分子扱いされかねないリスクはいまや誰の身の上にも起こり得るのであり、自分の身を守るだけで神経をすり減らさなくてはならないのである。

公的世界を蝕んでいるもう一つの要因は、格差社会だ。ごく一握りの億万長者と増大する貧困層、やせ細る中間層によって特徴づけられるアメリカの格差社会では、階層ごとに人々は閉鎖的な回路に分断されている。富裕層は、居住地から医療、教育に至るまで貧困層とはまったく関わることのない別世界に暮らしている。一方の貧困層は、社会的地位を上昇させるチャンネルをほとんど持っていない。レーガノミクス以降の民営化も、コストのかかる公的サービスを縮小させ、営利第一主義によって弱者が切り捨てられていく流れを作ってしまった。こうした格差社会の弱肉強食的傾向は、自分の利益の確保に明け暮れる自己中心主義を助長しやすい。自分にどれだけの見返りがあるかが人々の行動基準になれば、人々の協力によって公的世界を維持するという発想そのものが瓦解しかねない。

責任感の欠如とスポーツマンシップの喪失

金ぴか時代的な格差社会へとアメリカが逆戻りする中、WWEが繁栄し、その公的秩序をもてあそぶ感覚を現実の政治の場に接ぎ木するトランプ政権が誕生した。こうした事態と、社会の分断化と自己中心主義が刺激され、監視社会が到来し、SNSの普及も相まって公的世界と私的領域の境界線が曖昧になるという一連の状況との間には、実はかなりの整合性があるといえる。これらは、民主主義と資本主義の両立を目指した規制と改革の時代の精神に対する包囲網が形成されつつあることを物語っており、現実世界を無法地帯的混乱へと近づけ、個人を自己中心主義の殻へと分断しながら社会内部の対立を煽り、弱肉強食の論理で公的世界を骨抜きにしていくうねりが強まっていることを意味している。

現代アメリカは、規制と改革の時代の精神を呼吸しながら骨格を整えたアメリカ型競技の危機と言っても過言ではない。プロスポーツ自身が、地域の公共財とビジネスとの間のバランス感覚をコントロールできず、ポスト冷戦時代の超大国アメリカの一人勝ち的状況につけ込むかのように歪んだ国際化を画策してきたことに加え、スポーツを取り巻く社会環境そのものが、公正さへの希求に根差したアメリカ型競技の健全な発展への逆風となり始めたのだ。

こうした状況を放置すれば、アメリカが失う代償は決して小さくないだろう。金ぴか時代の貴重な教訓を忘れ、長い年月をかけて自分たちの手で作り出した公共財を自らの手で葬り去るに等しいからだ。公的世界が無法地帯化することは、結果を顧みない無責任な言動を助長する。公的世界に対する責任感が麻痺することは、公正な競争と平等なアクセスを掲げてきたアメリカ型競技のスポーツマンシップそのものに死を宣告しかねない。アメリカンフットボール流に言えば、現代アメリカは、「アンスポーツマンライク」な国へと暴走しかねないのである。

終章　スポーツ・アメリカ的創造力・近代社会

本書では、アメリカ型競技の特質を軸にアメリカにおけるスポーツの歩みをたどりながら、スポーツの世界での出来事とアメリカという国の姿とがいかに分かち難く結びついているのかを繙《ひもと》いてきた。民主主義、資本主義、文化的独立、人為的集団統合といったこの国の課題の中枢部分にスポーツが深く関わってきたことは、アメリカの理想と現実とを架橋する場としての機能をスポーツが果たしてきたことを物語っている。

ポスト冷戦期のアメリカの対外関係や国内の新たな民主化の潮流、トランプ政権の誕生と公的世界の混乱といった現代アメリカの諸相と、アメリカのスポーツに見られる新たな傾向が密接に関係している様子は、スポーツ界での動きが今後のアメリカの行方を占う重要な手がかりになり得ることを示している。アメリカという国は、国際感覚にしろ、宗教や軍の存在感にせよ、超格差社会や差別の実態にしても、先進国中の先進国というイメージとはかけ離れた部分を備えているが、そうした不可解さを分析し、より鮮明にこの国の実像を捉える上で、スポーツという領域からのアプローチが意外な射程を秘めていることが、本書を通じておわかりいただけたと思う。

ところで、アメリカで顕著に表れた、こうしたスポーツと社会との密接な結びつきは、スポーツの近代化という流れの中ではどのような意味を持つのだろうか。最後にこのことを、よりマクロな次元から考えてみたい。

近代を超えるための創造力

イギリスにおけるフットボールの近代化は、中世と近代の感覚の違いを鮮明にしながら、産業社会の基本原理がスポーツにもしみこんでいく過程を体現していた。諸領域を個別化・専門化することで予測可能性や純粋性を追求する産業社会の発想は、純粋な競技としてのフットボールの誕生や、ルールの統一、選手と観客の分離、スポーツと金銭とを分離するアマチュアリズムの理念等と軌を一にしていた。

アメリカで起こったことは、こうした流れに逆行する部分があった。確かにアメリカ型競技は、イギリスの近代フットボール以上に産業社会の論理との接点を強化してきた部分もある。だが、アメリカではアマチュアリズムが後退し、スポーツと商業主義の接近が起こった。

また、スポーツを他から分離された純粋な世界として位置づけようとする発想も、むしろスポーツと他の領域を接合し、スポーツを地域や現実社会の問題解決と結びつけようとする発想に取って代わられた。

スポーツの近代化の流れがアメリカで屈折した背景には、理念先行国家としての未完成さを指摘できよう。独立の時点で掲げた自由と平等の理想と深刻な現実との落差を埋めていくという運命を自らに課したアメリカは、民主主義と資本主義の不均衡、根深い人種差別や性差別、分断された社会における人為的集団統合の必要性といった難題と格闘してきた。それには、自らが抱え込んだ矛盾を乗り越えるための装置が必要だった。スポーツが民主主義と共同体の絆を強化する公共財としてアメリカで機能してきたことは、スポーツが実はそうした装置の一つとなったことを示している。

アメリカという国は、中世を知らない近代の申し子でありながら、実際には近代の理想と現実の深刻な落差に直面し、いわば近代の矛盾を超えていくための創造力を発揮しなければならない運命を背負うことになった。つまり、アメリカ的創造力の正体は、近代産業社会の歪みや暴走をコントロールしながら近代の限界に挑戦する発想と不可分なのであり、それはついには近代によって個別化・細分化された領域を再統合するという、いわば中世的感覚に通ずるアイデアにたどり着いたのだ。アメリカにおけるスポーツの歩みは、そのアイデアが実行に移されたことを示している。ある意味でアメリカは、スポーツと社会との連関を再構築することで、近代の限界や矛盾を克服し、理想の国を作ろうとする、壮大な実験をしてきたのだ。

このように、アメリカ的創造力の本質が、近代産業社会が目指した諸領域の純粋化・専門化の徹底というよりは、むしろ逆に問題解決のための諸領域の再編という異種混交的な世界への志向にあると考えると、野球が国技としての神聖な地位を与えられているという事実はより重要な意味を持ってくる。野球は、現実社会の差別の解消という次元とスポーツを結びつけるとともに、その競技理念は、前近代性と近代性が絶妙に混在する、ハイブリッドな異種混交的世界を体現しているからだ。産業社会の原理や規制と改革の時代の精神と強く結びついた特徴を備えているという点では、アメリカンフットボールやバスケットボールに軍配が上がるだろう。だが、そこから外れるような面を併せ持つ野球にこそ、実はアメリカ的創造力の本領を垣間見ることができる。野球が国技たるに相応しいのは、自ら異種混交的世界を切り開きながら現実社会の矛盾と向き合ってきたからというべきなのである。

全体と個をめぐるジレンマへの挑戦

アメリカが直面してきた矛盾は、この国が理念先行国家であることによって増幅されてきた部分がある。しかし、近代産業社会自身が根本的な矛盾を抱えている点も見落としてはならない。それは、組織と個の関係である。

能率を上げるには、個人は分業化された作業に徹底的に習熟するよう求められる。だが、それはその人の専門性を高める一方で、他の作業のことはわからない人間にしてしまいかねない。他人が何をしているのかよくわからないまま、自分の持ち場をひたすらこなすというサイクルに陥っていきかねないからだ。

だが、自分の仕事の専門性に習熟したとしても、その仕事は独立して存在できるわけではなく、前と後の工程があってこそ意味を持つ。つまり、能率至上主義は、分割された領域間の連関があってこそ初めて有効に機能するにもかかわらず、諸領域に張り付けられた人たちは自分の任された範囲外の世界には疎くなっていくという根本的な矛盾がそこにはある。換言すれば、組織は個があってこそ機能するが、個と他の連動性よりも個の専門性を高めるように人は奨励されてしまう、という根本的なジレンマを近代産業社会の能率至上主義は抱えているのだ。

こうしたジレンマは、近代の団体競技一般にも当てはまるだろう。フットボールから分化したサッカーやラグビーでも、ポジションごとの役割分担が進み、要求されるスキルも異なる。だがラグビーでよくいわれる「ワン・フォー・オール、オール・フォー・ワン」（一人は全員のために、全員は一人のために)」という言葉が示すように、組織全体と個の連携こそ、個々が細分化された専門性を持つ団体競技にとっての永遠の課題なのだ。近代産業社会の能率至上主義のジレンマは、スポーツの近代化さえをも貫いているのである。

その意味からすれば、個別化・細分化された領域を再接合するというアメリカのスポーツが発揮してきた創造力は、理念先行国家にとっての問題解決を担ってきただけでなく、「個」の独立性が「全体」との連関があってこそ成立するという、近代産業社会の矛盾そのものへの挑戦であったともいえる。だが、こうしたアメリカ的創造力によってスポーツ、民主主義、共同体の三者を取り持つ枠組みが形成されてきた一方で、スポーツ、ビジネス、メディアが一体化するという事態も生じた。そして、スポーツビジネスの巨大化は人々の感覚を麻痺させ、公的世界の危機とともに人為的集団統合がかえって後退しかねない状況に陥っている。

スポーツビジネスがアメリカ的創造力の墓場を象徴しているのか、あるいはスポーツビジネス自体の自浄作用やスポーツをさらに別の領域と接合していこうとする動きがアメリカ的創造力の新たな出発点となるのか。今後のアメリカのスポーツの行方を注視していくことは、アメリカ的創造力の強度を占い、スポーツの恩恵を受けてきたこの国の民主主義と共同体の成熟度をあらためて測るという意味を持つ。と同時にそれは、究極的には「個」の独立性が「全体」との連関と切り離せないという近代のジレンマを乗り超えるためにどのような方法がまだ残されているのかという普遍的な問いにも通じている。そこから得られる知見は、私たちがスポーツと社会の関係をあらためて問い直し、未来の日本を構想するためのヒントを得ることにもつながるだろう。

日本にとっての教訓

アメリカの事例は、スポーツを公共財とみなす時、民主主義や共同体を強化する可能性が開け、個と全体との連関の回路を作り出せる可能性があることを示している。だが、近代産業社会のジレンマを克服するかに見えるこのモデルは、スポーツの価値を資本主義的見地からも高めてしまうため、スポーツがビジネスやメディアと一体化し、営利第一主義が時として倫理を麻痺させ、新たな搾取の構図を生み出しかねないリスクとも背中合わせである。

確かにアメリカのスポーツの到達点には、一方では皮肉がつきまとっている。アメリカ型競技の誕生の重要な背景の一つは、産業社会における健康不安であった。だが、現在のアメリカは異常なまでの肥満大国と化している。また、アメリカ型競技は、民主主義と資本主義の両立という、規制と改革の時代の精神を呼吸しながら骨格を整えたはずだが、公正さと豊かさの両方の恩恵が届いていない人々も大勢取り残されている。さらにアメリカ型競技は、産業社会内部の様々な要請に応えながら愛国主義を強化する機能を発揮してきたが、トランプ政権発足後に起きたNFLでの国歌斉唱の際の起立問題に顕著に見られるように、現実の社会の深刻な分断状況は、スポーツイベントにも影を落としている。

アメリカにおけるスポーツの歩みを振り返ると、スポーツと社会形成とをリンクさせることの持つ可能性と同時に限界も見えてくる。だが、かといってスポーツの歩みを軽視し、その遺産から目を背けることは、こうした手法の持つ意義を無視し、それが成し遂げた道半ばというべき状況を後戻りさせかねない。現に、時間は要したが、国技である野球がアメリカ社会の変革に果たしてきている役割は決して無視できないだろう。

アメリカという国にとってスポーツの歴史を振り返ることとは、自分たちの正体や到達点を再認識する有効な作業であると同時に、そこから得られる教訓は産業社会一般においてスポーツというものをどう位置づけていくべきなのかを考えるヒントになるはずだ。スポーツの歩みや現状を再検証すること、換言すれば、スポーツの歴史に対して目を開くことは、自分の住む社会に対する認識を深め、新たな未来を構想する重要な出発点になり得ることを、アメリカの事例は教えてくれる。

公共財とビジネスのバランスをどう保つかという、アメリカのスポーツが提示する教訓は、公的世界を今後私たちはどのように維持していくのかという問題を提起している。スポーツを社会の中でどう位置づけるかは、産業社会のジレンマへの挑戦という側面のみならず、近代を超えるにはどのような公的世界を新たに構想すべきなのかという問いにもつながっているのだ。スポーツをめぐる問題が内包しているこうした射程に対してより敏感になることは、身近なところから未来を考える糸口になるはずだ。大きなスポーツイベントのホスト国となる体験は、こうした問題意識をより多くの人が共有するきっかけになり得る。遠い未来から日本の歴史を眺めた時、二〇一九年のラグビーワールドカップや二〇二〇年の東京オリンピック・パラリンピックがこうした契機の一つとして振り返られることを願う。

あとがき

他人には書けないような本を書きたいなら、自分の人生の諸経験をつぎ込むしかない。今回は、アメリカ研究者としての経歴とスポーツ観戦好きの自分の知識を融合した次第だが、その二つがどこでどう結びついたのかを最後に披瀝しておくことも、読者の方々のご参考になるかもしれない。

筆者は小学校一年生の時、父の留学先がアメリカになり、現地の公立校に通うことになった。主に白人の居住地域だったその学校に日本語を解す人は一人もおらず、公民権運動直後の一九七一年ということもあって、黒人居住区からバスで児童を連れてきて人種統合学級を作る実験をしていた。大変なところに迷い込んだわけだが、一年後に日本に戻った時、周囲からは人が変わったと言われた。泣き虫だったのがたくましくなったというのである。英語などまったくわからない状態からスタートして何とか一年乗り切ったわけだから、アメリカという国は妙な自信を与えてくれた存在だ。と同時に、自分のような人間でも何とかなったのはなぜだろうと不思議に思わずにいられない。あの一年がなかったら、アメリカという国の不思議な力を解明してみたいなどとは思わなかったことだろう。

だが、幼馴染《おさななじみ》というのは、長所もよくわかると同時に、欠点もかなり見えてしまう。だから、アメリカが誤解されていると思う時にはアメリカを弁護したくなり、逆にアメリカがおかしいなと思う時には「何やってんだ」と意見したくなる。今までの自分の仕事の根底にあるのもこうした姿勢だと思う。そして、アメリカのスポーツは、筆者自身とアメリカとの関わりの中でも、つきあいの長い相手なのである。

筆者がどの競技からアメリカのスポーツを観るようになったかといえば、間違いなくそれはアメリカンフットボールだ。父の留学先の教授に連れられて大学の試合を見せてもらった時にはよくわからなかったが、帰国直後の一九七〇年代前半、日本でもアメリカンフットボールがちょっとしたブームになった。

当時はまだ日本も今ほど豊かではなく、娯楽も少なかった。男の子の遊びといえば、空き地で野球が定番だった。巨人のV9時代、子供にとって野球といえば巨人がすべてのような時代だったし、長嶋の引退は子供にはこたえた。だがその一方で、小学校ではあるグッズがはやり出した。NFLの各チームのヘルメットがデザインされた下敷きだ。この頃スポーツグッズといえるものは読売ジャイアンツの野球帽くらいしかなかったから、これはなかなか格好いいアイテムだった。自分はルールも多少は知っていたので、これをきっかけにテレビでNFLの録画放送を見るようになった。当時はピッツバーグ・スティーラーズの全盛期だが、おかげで名クォーターバックのテリー・ブラッドショーの現役時代を覚えている。自分はボールを蹴ったり投げたりすることは好きだったので、そうした要素のある種目は、子供の頃からわりとよく観ていた方だと思う。

中学生以降、私は海外の短波放送を聴くのが趣味になったが、高校に入ってからは、専ら日本の米軍放送でアメリカの番組を聴くようになった。当時はまだまだアメリカからの情報が今のようには入ってこなかったので、米軍放送は貴重な情報源だった。ニュースから音楽番組、宗教番組からお笑い番組までありとあらゆるジャンルを聞いていたが、スポーツ中継も例外ではなかった。

当時はまだ衛星放送がなく、アメリカのスポーツの生中継はテレビではほとんどなかったから、実況を聴きながら場面を想像したものだった。だがルールがある程度わかれば、何を言っているかは類推がきくので、英語の勉強にもなった。大リーグから大学バスケットボール、NHLに至るまで何でも聴いたが、やはり一番印象に残っているのはNFLの中継だ。米軍放送が主に流していたのはCBSのクルーの中継で、実況のジャック・バックと解説のハンク・ストラムの名調子は今でも懐かしい。ちなみにストラムは、カンザスシティ・チーフスの監督として第一回スーパーボウルに出場を果たしたが、グリーンベイ・パッカーズに敗れた。もし勝っていれば、優勝トロフィーの名称はヴィンス・ロンバルディー・トロフィーではなく、彼の名前が冠せられていたかもしれない。

中継を聴くうちに私はある一人の選手に興味を持った。デンバー・ブロンコスのクォーターバック、ジョン・エルウェイだ。実は彼の名前を私はまったく別のところで知っていた。エルウェイは、スタンフォード大学在学中、野球の全米大学代表チームに選抜され、日米大学野球でアメリカの中軸を打っていたからだ。当時は野球の国際試合がほとんどなく、日米大学野球は数少ないナショナルチームの試合だったし、日本チームにも逸材がそろっていたので世間の注目度も高かった。野球もアメリカンフットボールも超一流とはいったい何者だ、という関心が湧いたのだ。

実際に映像でクォーターバックとしてのエルウェイのプレーを見た時、そのパスのスピードに度肝を抜かれた。レシーバーの両手が吹っ飛ぶのではないかと思うほどの剛速球を投げていたからだ。以来私はもう三〇年以上もブロンコスのファンなのだが、エルウェイを擁してブロンコスがスーパーボウルを制覇し、地元横浜ベイスターズが日本一になった一九九八年は、盆と正月が一緒に来たような感じだった。

ところで、就職してから私は、自分の学部でアメリカ文化研究のプログラムを立ち上げる仕事に携わってきた。アメリカ研究の入門講座に続く各論的授業をデザインする際は、学生が興味のありそうな事例を使ってアメリカの社会や文化を考えるように配慮してきた。中公新書の前作『性と暴力のアメリカ』も、そこでの講義ノートが基になっているのだが、別の年にはスポーツを題材にして講義したことも数回ある。学生時代からアメリカのスポーツを一通りかじってきていたし、自分が勉強してきたアメリカの歴史とスポーツとの接点が少なくないことにも気づいていた。スポーツからアメリカ的創造力について考えるのは十分可能だと思っていた。ある時、大学の食堂でアメリカンフットボール解説者の後藤完夫さんと偶然お会いし、自分の講義の中身についてお話できたことも励みになった。実は本書は、やはりその際の講義ノートが出発点になっている。

だが、アメリカのスポーツのことを本にしたいと本格的に考えるようになったのは、授業とは関係ないところでの二つの体験が転機になっている。一つは自分が息子を持ったこと、もう一つはアメリカの旅先でのある体験だ。

息子にスポーツの面白さを理解させたいと思った私は、スポーツ中継をよく見せたし、しかも見ながら考えさせるように仕向けた。例えば野球なら、直球と変化球のスピード差がどれくらいか、それに対処するにはどうしたらよいかとか、自分が投手なら次は何を投げるかといったことを息子と一緒に話しながらテレビの野球中継を見るようにしたのだ（自分が言ったのと同じことを直後に解説者の人が言ってくれた時などは最高の気分だ）。

息子は小学校に入るまでには野球のルールと面白さを理解し、自分もやりたいとまで言い出した。息子の野球に対する関心は相当なものになったので、私は本物に触れさせたいと思い、アメリカのフランチャイズ制度にならって「横浜市民なんだから、ベイスターズを応援しなきゃだめだ」と言って、二人してファンクラブに入り、観戦に連れて行った。当時ベイスターズのファンクラブでは、横浜スタジアムでのデーゲームの終了後、グラウンドで親子がキャッチボールをできるイベントがあり、私も何回か外野の人工芝の上で息子とキャッチボールをした。本物のグラウンドに入れるという体験は大人でもけっこう興奮するものだが、息子にはたまらなかったはずだ。

ところが小学校高学年になると、息子は私が見ていたNFLにも興味を示し始め、中学に入るまでにはこれまたルールを理解し、ここでも考えさせながら見せた甲斐あって、なかなかの通になった。挙句の果てに父親と同じブロンコスのファンになったので、またしても私は本物を見せたいと思い、中学生になった息子をデンバーに連れて行くことに決めた。シーズン中は学校があるので八月のオープン戦を観に行ったのだが、名クォーターバックのペイトン・マニングを生で見たのは親子のいい思い出になった。

一方で息子は反抗期に突入し、中学時代は親子の怒鳴り合いが絶えない険悪な日々が続いた。ところが、スポーツのことになると、息子はそれまでの態度を一変させていろいろ質問してくるのだ。この頃には息子は私よりはるかに頻繁にNFLのサイトをチェックするようになっていて、アメリカンフットボールのことを私以上に知っている人間が周囲の友達にもいないためか、私と話さずにはいられなかったらしいのだ。親子の会話のかなりの部分をスポーツが占め、親子でスポーツ中継を観ている間は休戦状態になった。

もしスポーツの面白さを教えていなかったら、自分と息子の関係はどうなっていただろうかと思うことがある。時代の移り変わりが激しい今日、自分の子供時代と息子の周囲の世界はかなり違っている。流行しているものも、興味の対象も世代間のギャップが大きい気がする。そのような中にあって、スポーツは、もしかしたら数少ない親子の共通体験なのではないか。今も昔も同じ競技が存在し、自分が応援してきたチームを子供も応援するという構図は、時代が変わっても、世代が違っても、人間同士をつなぎとめる力を生み出しているように見えるのだ。

アメリカのスポーツについて書きたいと思うようになったもう一つの転機は、二〇一六年夏、アーカンソー州のベントンビルという田舎町に行った時の体験だ。ここはウォルマートの発祥地として知られているが、目的はクリスタルブリッジ美術館を訪ねることだった。最寄りの空港からは車で三〇分、公共交通機関もないので、日本から乗り合いタクシーを予約していった。運転手は私よりも年配の老人で、お客は私だけだった。彼は、私が日本から来たと知ると、いきなり「お前は日本の野球はよく知っているのか」と聞いてきた。「わりと観てきたとは思うよ」と答えると、彼はこう言った。「マッシー（マサノリ）・ムラカミを知っているか」

これは本物の野球ファンだと直感した私は、彼と次のようなやりとりをした。

「日本人初の大リーガーで、サンフランシスコ・ジャイアンツにいたサウスポーだね。でも僕はまだ小さかったから、彼の現役時代はよく知らないんだ。テレビの大リーグの試合の解説者としても有名だよ」

「彼はいい投手だった。俺はその頃ジャイアンツのファンだったんだ。俺自身も大リーグと契約してたんだぜ」

「えーっ、すごい、元大リーガーなの？」

「いや、サンディエゴ・パドレスと契約していただけだ。俺は投手と外野手ができたんだが、戦争に行くことになってな」

恐らく徴兵されて、プレーする機会を逃してしまったのだろうと私は思った。気の毒でこの話題はそれ以上聞けなかった。すると彼は続けた。

「そういえば、日本にもジャイアンツというのがあるな。一番人気があるんだろ。そこにいたサダハル・オーは、ホームランの世界記録保持者じゃないか」

「確かに。でも昔の日本の球場は今よりかなり狭かったんだ。大リーグの記録と一概には比較できないかもしれないよ」

「そんなことはない。ホームランはホームランだ。それに日本の投手は細かい技術を持っている。彼らからホームランを打つのは簡単ではない。俺はそういう日本人の緻密な野球が好きなんだ」

その後は大リーグの日本人選手の話に花が咲いた。イチロー、田中将大、上原、ダルビッシュ等々。松井秀喜が甲子園で全打席敬遠されたことはさすがに知らなかったようだったので、教えてあげた。松坂大輔の細君は僕の教え子なんだよ、なんてことも。

ベントンビルまでの三〇分はあっという間だった。別れ際に彼は言った。「お前は野球をよく知っているな」。私は答えた。「アメリカ人とサダハル・オーの話をしたのは、あなたが初めてだ」

私は仕事柄アメリカに行くことが多く、公共交通機関で乗り合わせた人と会話することもしばしばだが、これほど楽しい体験は初めてだった。初対面の、そしてもう二度と会うことはないであろう彼と私とは、心が通じた気がした。それは互いが互いの国の野球に対する敬意を抱いていたからだと思う。日本人選手の大リーグでの活躍によってアメリカのプロスポーツが以前よりも身近になった今日、アメリカのスポーツを何十年かぼんやりと眺めてきた自分にも、スポーツを通じての相互理解に貢献できることがあるのかもしれないという気にさせられた。

私は、息子との関係の中で、そしてこのアーカンソーの田舎での会話を通じて、スポーツというものの持つ潜在力をあらためて実感した気がする。本書は、アメリカという国への、そしてスポーツへの筆者なりのオマージュである。もっとも、アメリカのスポーツビジネスに対する筆者の見解は少々辛口だが、それは、アメリカという国の目標やスポーツの効用を大切にしてほしいと願うからこそである。

プロ野球ファンの編集者、吉田亮子さんと、アメリカ通の編集者、白戸直人さんとは、楽しく一緒に仕事をさせていただいた。末筆ながら深く御礼申し上げる。

二〇一八年三月

鈴木　透

参考文献（配列はおおむね本文の叙述順）

序章

中村敏雄『増補・オフサイドはなぜ反則か』平凡社ライブラリー、二〇〇一年

フィリップ・アリエス、杉山光信・杉山恵美子訳『〈子供〉の誕生——アンシァン・レジーム期の子供と家族生活』みすず書房、一九八〇年

デーヴィッド・A・ハウンシェル、和田一夫・金井光太朗・藤原道夫訳『アメリカン・システムから大量生産へ 1800-1932』名古屋大学出版会、一九九八年

マイケル・オマリー、高島平吾訳『時計と人間——アメリカの時間の歴史』晶文社、一九九四年

Robert H. Wiebe, *The Search for Order: 1877-1920* (New York: Hill and Wang, 1967)

第I部

佐山和夫『野球から見たアメリカ』丸善ライブラリー、一九九七年

佐伯泰樹『ベースボールのアルケオロジー——ボール遊びから大リーグへ』悠書館、二〇一四年

George B. Kirsch, *Baseball in Blue and Gray: The National Pastime During the Civil War* (Princeton: Princeton University Press, 2003)

Gary Belsky and Neil Fine, *On the Origins of Sports: The Early History and Original Rules of Everybody's Favorite Games* (New York: Artisan, 2016)

小田切毅一『アメリカスポーツの文化史——現代スポーツの底流』不昧堂出版、一九八二年

デイヴィッド・リースマン、國弘正雄・牧野宏共訳「アメリカにおけるフットボール」『個人主義の再検討』（上）ぺりかん社、一九七〇年、p. 377-406

Julie Des Jardins, *Walter Camp: Football and the Modern Man* (New York: Oxford University Press, 2015)

鈴木透「軍隊の影――スポーツ／レクリエーションと性的支配」宮地尚子編『性的支配と歴史――植民地主義から民族浄化まで』大月書店、二〇〇八年、p.119-142
――「フィットネス・シンドローム――身体の最適化への欲望と産業社会への移行期のアメリカにおける食、スポーツ、宗教」慶應義塾大学法学部編『慶應の教養学』慶應義塾大学出版会、二〇〇八年、p. 337-352
Kathryn Grover, ed., *Fitness in American Culture: Images of Health, Sport and the Body, 1830-1940* (Amherst: University of Massachusetts Press, 1989)
Robert J. Higgs, *God in the Stadium: Sports and Religion in America* (Lexington: University Press of Kentucky, 1995)
J・ネイスミス、水谷豊訳『バスケットボール――その起源と発展』日本YMCA同盟出版部、一九八〇年
Rob Rains, *James Naismith: The Man Who Invented Basketball* (Philadelphia: Temple University Press, 2009)

第II部

佐山和夫『黒人野球のヒーローたち――「ニグロ・リーグ」の興亡』中公新書、一九九四年
Neil Lanctot, *Negro League Baseball: The Rise and Ruin of a Black Institution* (Philadelphia: University of Pennsylvania Press, 2004)
David K. Wiggins, *Glory Bound: Black Athletes in a White America* (Syracuse: Syracuse University Press, 1997)
川島浩平『人種とスポーツ――黒人は本当に「速く」「強い」のか』中公新書、二〇一二年
中村敏雄『スポーツの風土――日英米比較スポーツ文化』大修館書店、一九八一年
――『メンバーチェンジの思想――ルールはなぜ変わるか』平凡社ライブラリー、一九九四年
飯田貴子・井谷恵子編『スポーツ・ジェンダー学への招待』明石書店、二〇〇四年
Evan Friss, *The Cycling City: Bicycles and Urban America in the 1890s* (Chicago: University of Chicago Press,

2015)
Natalie Guice Adams and Pamela J. Bettis, *Cheer Leader!: An American Icon* (New York: Palgrave Macmillan, 2005)
Susan K. Cahn, *Coming on Strong: Gender and Sexuality in Women's Sport* 2nd ed. (Urbana: University of Illinois Press, 2015)
Helen Lefkowitz Horowitz, *Culture and the City: Cultural Philanthropy in Chicago from the 1880s to 1917* (Chicago: University of Chicago Press, 1989)
宇佐見陽『大リーグと都市の物語』平凡社新書、二〇〇一年
バーナード・J・フリーデン、リーン・B・セイガリン、北原理雄監訳『よみがえるダウンタウン——アメリカ都市再生の歩み』鹿島出版会、一九九二年
ロバート・D・パットナム、柴内康文訳『孤独なボウリング——米国コミュニティの崩壊と再生』柏書房、二〇〇六年

第Ⅲ部

西山哲郎『近代スポーツ文化とはなにか』世界思想社、二〇〇六年
山下秋二・畑攻・冨田幸博編『スポーツ経営学』大修館書店、二〇〇〇年
R・A・スミス、白石義郎・岩田弘三監訳『カレッジスポーツの誕生』玉川大学出版部、二〇〇一年
F・ルドルフ、阿部達哉・阿部温子訳『アメリカ大学史』玉川大学出版部、二〇〇三年
ベンジャミン・G・レイダー、川口智久監訳『スペクテイタースポーツ——20世紀アメリカスポーツの軌跡』大修館書店、一九八七年
宮田由紀夫『暴走するアメリカ大学スポーツの経済学』東信堂、二〇一六年
Joe Nocera and Ben Strauss, *Indentured: The Inside Story of the Rebellion against the NCAA* (New York:

Portfolio, 2016)
種子田穣『アメリカンスポーツビジネス――NFLの経営学』角川学芸出版、二〇〇七年
ロジャー・I・エイブラム、大坪正則監訳『実録メジャーリーグの法律とビジネス』大修館書店、二〇〇六年
大坪正則『メジャー野球の経営学』集英社新書、二〇〇二年
梅田香子『スポーツ・エージェント――アメリカの巨大産業を操る怪物たち』文春新書、二〇〇〇年
ジーン・マリー・ラスカス、田口俊樹訳『コンカッション』小学館文庫、二〇一六年
橋本純一編『現代メディアスポーツ論』世界思想社、二〇〇二年
阿部珠理編『アメリカ先住民を知るための62章』明石書店、二〇一六年
C. Richard King, *Redskins: Insult and Brand* (Lincoln: University of Nebraska Press, 2016)
Walter LaFeber, *Michael Jordan and the New Global Capitalism* (New York: W.W. Norton, 1999)
William C. Rhoden, *Forty Million Dollar Slaves: The Rise, Fall, and Redemption of the Black Athlete* (New York: Three Rivers Press, 2006)
Sarah Shephard, *Kicking Off: How Women in Sport Are Changing the Game* (London: Bloomsbury, 2016)

第Ⅳ部

アレン・グットマン、谷川稔・石井昌幸・池田恵子・石井芳枝訳『スポーツと帝国――近代スポーツと文化帝国主義』昭和堂、一九九七年
谷口輝世子『帝国化するメジャーリーグ――増加する外国人選手とMLBの市場拡大戦略』明石書店、二〇〇四年
多木浩二『スポーツを考える――身体・資本・ナショナリズム』ちくま新書、一九九五年
Scott Helman and Jenna Russell, *Long Mile Home: Boston Under Attack, the City's Courageous Recovery, and the*

Epic Hunt for Justice (New York: Dutton, 2014)
鈴木透「ボストンマラソンテロ事件をめぐる顕彰行為――パブリック・メモリー、SNS、スポーツ・イベント」『教養論叢』136号（二〇一六、65－86）
近藤光雄他『記憶を紡ぐアメリカ――分裂の危機を超えて』慶應義塾大学出版会、二〇〇五年
堤未果『ルポ　貧困大国アメリカ』岩波新書、二〇〇八年
マイケル・R・ボール、江夏健一監訳『プロレス社会学――アメリカの大衆文化と儀礼ドラマ』同文館、一九九三年
スコット・M・ビークマン、鳥見真生訳『リングサイド――プロレスから見えるアメリカ文化の真実』早川書房、二〇〇八年

主要図版出典一覧

1－1　Almay／アフロ
1－2　AP／アフロ
3－1　Susan K. Cahn, *Coming on Strong: Gender and Sexuality in Women's Sport,* 2nd ed.（Urbana: University of Illinois Press, 2015）
4－1　GRANGER.COM／アフロ
4－2　Harry Katz, *Baseball Americana: Treasures from the Library of Congress*（New York: Harper, 2009）
5－1　"From Bloomer's to Bikini's: How the Sport of Swimming Changed Western Culture in the 20th Century"
https://www.ishof.org/assets/history_swimwear.pdf
5－2　Harry Katz, *Baseball Americana: Treasures from the Library of Congress*（New York: Harper, 2009）
5－4　Sarah Shephard, *Kicking Off: How Women in Sport are Changing the Game*（London: Bloomsbury, 2016）
6－1　USA TODAY Sports／ロイター／アフロ
9－1　USA TODAY Sports／ロイター／アフロ
9－2　Sarah Shephard, *Kicking Off: How Women in Sport are Changing the Game*（London: Bloomsbury, 2016）
9－3　アフロ
12－1　Scott R. Galvin／UPI／アフロ

図版作成　関根美有

	ス・ドジャースに入団、【ア】後にNFLヨーロッパとなるリーグが組織される	事件
1996	アトランタオリンピック（モハメド・アリが聖火台に点火）、【バ】WNBAの創設	
1997	【野】ジャッキー・ロビンソンの背番号42が永久欠番に	
2000		オクラホマシティ・ナショナル・メモリアルの建立、日系人メモリアルがワシントンDCに完成
2001	【野】バリー・ボンズが大リーグの年間最多本塁打記録を更新、オクラホマシティ・メモリアル・マラソンの開始	同時多発テロ事件（9/11）、愛国者法の制定
2002	プロレス団体WWFがWWEへと改称	
2003		イラク戦争
2004	【ア】ランジェリー・フットボールの開始、【野】ジャッキー・ロビンソン・デイの制定、NHLの全試合が中止	
2006	【野】WBCの開始	
2007	【ア】NFLヨーロッパが解散	
2011		9/11メモリアルがニューヨークに完成
2013		ボストンマラソンテロ事件
2017		ドナルド・トランプが大統領に就任

【野】野球関連／【ア】アメリカンフットボール関連／【バ】バスケットボール関連／【ボ】ボクシング関連

1954		カラーによる全国テレビ放送が始まる、ブラウン対教育委員会判決（公立学校での人種隔離への違憲判決）
1956	メルボルンオリンピック（ソビエト連邦が金メダル、メダル総数とも1位に）	
1960	ローマオリンピック（ウィルマ・ルドルフ、モハメド・アリが活躍）	
1961		南ベトナムへの軍事介入が本格化
1964	【ボ】モハメド・アリがプロボクシングのヘビー級王者となる	公民権法の制定
1967	【ア】第1回スーパーボウル	
1970	【ア】マンデイ・ナイト・ゲームをNFLが導入	
1972		改正教育法の制定
1973	テニスのキング夫人がボビー・リッグスと対戦	南ベトナムからアメリカ軍が撤退、第一次石油ショック
1974	【ボ】モハメド・アリがヘビー級王者に返り咲く	
1979		第二次石油ショック
1981		ロナルド・レーガンが大統領に就任
1982		ベトナム戦没者追悼記念碑がワシントンDCに完成
1984	【バ】マイケル・ジョーダンがシカゴ・ブルズに加入	
1989		ベルリンの壁の崩壊（東西冷戦の終結）、ホロコースト・メモリアルがワシントンDCに完成
1991	第1回のサッカー女子ワールドカップでアメリカが優勝	湾岸戦争、ソビエト連邦の崩壊
1994	【バ】『フープ・ドリームス』、【野】大リーグがストライキに突入	
1995	【野】野茂英雄がロサンジェル	オクラホマシティ連邦ビル爆破

1904		ジェネラル・スローカム号の火災
1905	【野】野球の起源調査委員会の設置、【ア】諸大学がルール変更を検討する会議体を設け、前方へのパスを翌年解禁、委員会も1910年にNCAA（全米大学体育協会）となる	
1907	アネット・ケラーマンが水着裁判にかけられる	
1908	【野】「私を野球に連れてって」の誕生、【ボ】ジャック・ジョンソンがヘビー級の世界王者となる	
1912	ストックホルムオリンピック（ジム・ソープが活躍）	
1914	【野】シカゴに後のリグレー・フィールドが建設される	～18第一次世界大戦
1919	【野】ブラックソックス事件	禁酒法の制定
1920	【野】ベーブ・ルースが年間54本の本塁打を放つ	女性参政権が認められる、民間ラジオ放送の開始
1926	【バ】バスケットボール初の女子の全国大会開催	
1932	ロサンジェルスオリンピック（ベイブ・ディドリクソンが活躍）	
1935	【ボ】ジョー・ルイスがプリモ・カルネラを破る	イタリアによるエチオピア侵攻
1936	ベルリンオリンピック（ジェシー・オーエンズが活躍）	
1939	【野】野球殿堂がクーパーズタウンに建設される	～45第二次世界大戦
1943	【野】女子プロ野球（AAGPBL）の創設	
1947	【野】ジャッキー・ロビンソンが大リーグにデビュー	
1952	ヘルシンキオリンピック（ソビエト連邦が初参加）	

関連年表

	スポーツ関係	主な出来事
1776		アメリカの独立宣言
1777		連合規約の起草（発効は1781年）
1787		合衆国憲法の起草（発効は1788年）
1845	【野】ニッカボッカー・ベースボールクラブの創設	
1859		ペンシルバニア州で石油が発見される、ダーウィンの『種の起源』
1861		～65南北戦争
1869	【野】シンシナティ・レッズの創設、【ア】最初のアメリカンフットボールの試合が行われる	
1870	アメリカズカップが始まる	
1871		シカゴの中心部が大火に見舞われる
1876	【野】ナショナル・リーグの創設	
1890		マーシャル法（反トラスト法）
1891	【バ】バスケットボールの発明	
1892		ロックフェラーのスタンダードオイル社が反トラスト法により解体される
1896		プレッシー対ファーガソン判決（ジムクロウが合憲と認定される）
1901		セオドア・ローズベルトが大統領に就任
1903	【野】初のワールドシリーズの開催	

鈴木 透（すずき・とおる）

1964（昭和39）年東京都生まれ．87年慶應義塾大学文学部卒業，92年同大学院文学研究科博士課程修了．現在，慶應義塾大学法学部教授．専攻は，アメリカ文化研究，現代アメリカ論．
著書『現代アメリカを観る――映画が描く超大国の鼓動』（丸善ライブラリー，1998年）
『性と暴力のアメリカ――理念先行国家の矛盾と苦悶』（中公新書，2006年）
『実験国家アメリカの履歴書――社会・文化・歴史にみる統合と多元化の軌跡』（慶應義塾大学出版会，2016年，第2版）
共著『物語のゆらめき――アメリカン・ナラティヴの意識史』（南雲堂，1998年）
『史料で読むアメリカ文化史3――都市産業社会の到来 1860年代～1910年代』（東京大学出版会，2006年）
『民族の表象――歴史，メディア，国家』（慶應義塾大学出版会，2006年）
『中世主義を超えて――イギリス中世の発明と受容』（慶應義塾大学出版会，2009年）
ほか

スポーツ国家《こっか》アメリカ
中公新書 *2479*

2018年3月25日発行

著 者 鈴木 透
発行者 大橋善光

本文印刷 三晃印刷
カバー印刷 大熊整美堂
製 本 小泉製本

発行所 中央公論新社
〒100-8152
東京都千代田区大手町 1-7-1
電話 販売 03-5299-1730
編集 03-5299-1830
URL http://www.chuko.co.jp/

Published by CHUOKORON-SHINSHA, INC.
Printed in Japan ISBN978-4-12-102479-4 C1222

現代史

f3

27 ワイマル共和国 林 健太郎
478 アドルフ・ヒトラー 村瀬興雄
2272 ヒトラー演説 高田博行
1943 ホロコースト 芝 健介
2349 ヒトラーに抵抗した人々 對馬達雄
2448 闘う文豪とナチス・ドイツ 池内 紀
2329 ナチスの戦争 1918-1949 R・ベッセル 大山晶訳
2313 ニュルンベルク裁判 A・ヴァインケ 板橋拓己訳
2266 アデナウアー 板橋拓己
2274 スターリン 横手慎二
530 チャーチル（増補版） 河合秀和
1415 フランス現代史 渡邊啓貴
2356 イタリア現代史 伊藤 武
2221 バチカン近現代史 松本佐保
2437 中国ナショナリズム 小野寺史郎

1959 韓国現代史 木村 幹
2262 先進国・韓国の憂鬱 大西 裕
2324 李光洙《イグァンス》—韓国近代文学の祖と「親日」の烙印 波田野節子
1763 アジア冷戦史 下斗米伸夫
1876 インドネシア 水本達也
2143 経済大国インドネシア 佐藤百合
1596 ベトナム戦争 松岡 完
1664 1665 アメリカの20世紀（上下） 有賀夏紀
1920 ケネディ—「神話」と実像 土田 宏
2140 レーガン 村田晃嗣
2383 ビル・クリントン 西川 賢
1863 性と暴力のアメリカ 鈴木 透
2381 ユダヤとアメリカ 立山良司
2236 エジプト革命 鈴木恵美
2415 トルコ現代史 今井宏平
2330 チェ・ゲバラ 伊高浩昭
2163 人種とスポーツ 川島浩平

2479 スポーツ国家アメリカ 鈴木 透